JN409218

별의 계단

강소이 시집

강소이 시인 作 (일본 신원전 국제특별상 수상)

별의 계단

강소이 시집

별의 계단

처음 인쇄 2011년 12 월 10 일
처음 발행 2011년 12 월 15 일

지은이/ 姜昭耳
본명/ 姜美京
E-mail/ kmk626200@hanmail.net

펴낸곳/ 도서출판 엠-애드
등록번호/ 제2-2554
100-863 서울 중구 충무로 4가 36-7, 2층
전화/ 02)2278-8063.4
팩스/ 02)2275-8064
E-mail/ madd1@hanmail.net

정가: 8,000 원

ISBN 978-89-6575-019-2

표지그림: 강소이 시인 作 (일본 신원전 국제특상 수상작)

시인의 말

대학시절 현대시를 전공하고, 국어 교육을 수학受學했어도 내게 시는 험난한 고봉高峯으로만 느껴졌었다. 그것은 시를 좋아하는 것과는 별개의 무엇이었다.

우연한 기회에 시부문에 응모, 신인상을 받고 시인으로 등단하게 되었다. 등단식 날 상賞을 받으며, 내 머리에는 김소월 시인과 한용운, 박목월, 김영랑, 김춘수 시인 등 여러 시인들이 떠올랐었다. '그런 시인들처럼 좋은 시를 쓸 수 있을까?'

시를 쓴다는 이유만으로 29세에 일본 후꾸오까 형무소에서 처형당한 윤동주 시인을 생각하며 상賞을 받았다. '저항 시인 이육사처럼 시인의 사명을 다하느라 내 목숨을 내놓을 수 있을까?' 이런 엉뚱한 생각에도 사로 잡혔었다. 요즘 같은 좋은 시절에 시인이 된 것이 참 다행이라는 내심의 안도安堵도 있었다. 생각할수록 다행한 일이다. 이런 시절에 시인이 된 것이….

하지만, 시를 통하여 독자들과 하나가 되고 삶을 함께 아파하며 시대를 함께 숨쉬고 역사를 꿰뚫어 삶을 총체적으로 통찰하는 시를 써야한다는 사명감에서는 벗어날 수 없으리라.

6여년 동안 시를 공부하고 교육현장에서 시를 가르쳐 왔으면서도, 시는 여전히 어렵고 시작詩作은 매우 두려운 일이 아닐 수 없다.

유난히 춥고 영하의 날씨가 계속 되었던 겨울마다, 시인이라는 이름을 감당하기가 너무 버겁게 느껴져, 방학 내내 시를 다시 공부하기도 했다.

김소월부터 현대 시인들까지 모두 섭렵하며 시를 다시 공부하고. 심리학책들과 철학 서적들까지 읽어내며 사색하는 시간들이 되었었다. 참 행복한 시간들이었다.

아무래도 시인이 되길 참 잘한 것 같다. 시를 쓰면서 내 자신의 정서순화(카타르시스)뿐 아니라, 내적치유까지 일어나니 시는 내게 곧 구원과도 같은 것이리라.

부족한 시인의 시였지만 문학상도 몇 개 받고, 영어-일어로 번역되어 중국으로 보내져서 한중문학 · 문화예술상을 받았다. 그 시들 5편을 시집 속에 넣었다. 이 시집은 1부 당신에게 가는 길, 2부 너의 빛깔과 향기, 3부 오래된 기다림, 4부 잊고 있던 애인, 5부 머루알 연가로 구성되어 있다. 개인적인 서정시에서 더 나아가 사회 비판적인 풍자시도 여러편 썼으며 역사의식이 담긴 무거운 시들도 몇 십편 써 내었다. 이런 사회 · 역사시들은 제2시집에서 함께 묶어 간행하기로 하고, 1시집에서는 서정시들을 주로 묶었다.

이 처녀시집 '별의 계단'은 시인이기 이전에 시를 좋아하는 사람의 몸부림으로 봐 주기 바란다. 더 많은 아픔과 가슴앓이를 통해 내적성숙과 시공부가 쌓이면 더 좋은 시들을 낳을 수 있으리라 다짐한다. 여기에 수록된 80여편의 시들이 아직도 겨울을 앓고 있는 이들에게 햇살이 되고 별이 되길 소망하며, 독자들과 공감과 소통의 끈이 이어지길 바라는 마음 간절하다.

또한, 앞으로도 시에 더욱 몰입하여 독자들의 공감을 얻는 시를 써내는데 노력을 아끼지 않을 것이다. 시를 통해 세상과 호흡하고 소통하는 일은 시인에게나 독자들에게나 황홀하도록 행복한 일이다.

끝으로, 참 시인이 되도록 이끌어 주시는 여러 원로 시인들과 아껴 주시는 모든 분들께 감사드리며 출판에 힘써주신 〈엠애드 출판사〉 임선실 선배님과 직원들께도 깊은 감사를 보낸다.

2011년 12월
독립공원이 보이는 창가에서
姜 昭 耳

차례

시인의 말

제 1 부 당신에게 가는 길

또 하나의 별 • 12
당신에게 가는 길 1 • 14
꿈을 품은 가슴 • 15
어머니 • 16
발꿈치 • 18
곰국 한 그릇 • 19
통장 속 눈물 • 20
당신에게 가는 길 2 • 21
별의 계단 • 22
울고 있는 아이 • 23
저만치 • 24
나르시스 단장 • 25
저만치 우뚝 서 있는 그대 • 26
그물 • 28

제 2 부 너의 빛깔과 향기

뜨거운 바위 • 30
자신과 만나기 • 31

한땀 한땀 뜨다보면 • 32
파주 보광사에서 • 34
너와 나의 겨울 • 35
너의 빛깔과 향기 • 36
함박눈 • 38
연민 • 40
시로 마음 빗기 • 42
침묵이 말해주네 • 43
인사동 거리 • 44
시 세편 • 45
손수레 • 46
커피 한 잔 • 48
바퀴가 밟고 1 • 49
바퀴가 밟고 2 • 50
바퀴가 밟고 3 • 51

제 3 부 오래된 기다림

거목 그림자 • 54
어릴적 예배당 • 56
사슴뿔 단상 • 58
허상을 입고 • 59
거절 • 60
한 그루 나무 • 62

어머니의 어머니 • 64
나이테 • 66
환생을 위하여 • 68
독수리를 걸라 • 70
동해처럼 • 72
북한산 • 73
발 씻기기 • 74
애인 • 75
영하 날씨 • 76

제 4 부 잊고 있던 애인

가시면류관 • 78
기도 • 79
먹여주소서 • 80
성탄절 • 82
성탄절 전야 • 84
프로메테우스 날개 • 85
멍석깔고 • 86
문패 • 87
시 한줄 • 88
잊고 있던 애인 • 89
아버지 • 90
처방전 • 92

눈망울 • 93
교사의 기도 • 94
시베리아를 위하여 • 96
막차를 기다리며 • 97

제 5 부 머루알 연가

여우비 • 100
독주毒酒 • 101
국수리 • 102
머루알 연가 • 104
오래된 기다림 • 105
지음을 기다리며 • 106
열차를 기다리며 • 108
달빛연가 • 109
깃털 • 110
그리움 • 111
강화도 외포리 • 112
간극 • 114
강화도 술병 • 115
37km • 116
낙조 석모도 • 118
한마디 • 119
할머니 산소 • 120

성묘 • 122
모교 앞을 지나며 • 124
혼자 사랑하기 • 126

한중문학 · 문화예술상 수상작

별 속의 별 • 130
군자 • 132
의사 윤봉길 • 138
수심대 • 144
남한산성 • 147

시인의 여적

맹인 • 154

평 론

〈시인의식에 대한 의미론적 고찰〉 • 159
– 강소이 시집 [별의 계단]을 中心으로 –
金 仙 (문학평론가. IAE University 명예총장)

1부 당신에게 가는 길

독립공원 서재필 동상

또 하나의 별

– 민족의 빛 서재필

보슬비 속 독립공원
서재필 박사 동상이 우뚝
오른손에 무엇을 높이 들고
하늘 향해 소리 없이 외치고 있을까

역사의 현장
서대문 형무소
동상 속 주인
보슬비 속에서 무엇을 저렇게 외치고 있을까

공원 앞 신호등 건너 길에는
일본산 전자제품
이태리산 손가방
프랑스어 붙은 빵집
영어로 붙여진 많은 수 간판들
젊은이들 듣는 음악은 팝송에 샹송
젊은이들 마시는 음료수는
수정과 식혜 대신 산성 코카콜라
외국 브랜드 커피여야 하는가를

세계는 하나
글로벌 시대라고 했던가

물건도 상표도 문화도 외제를 좋아라 쓴다지만
우리 얼만은 춘향이 될 수 있을까
우리 넋만은 논개가 될 수 없을까

대한제국 시절 제국주의 일본에
비분강개, 조국 독립 위해
눈물 피 흘리며
목숨 사르셨던 순국선열들의 고운 넋
독립공원 이 저곳에서
나라의 영원한 독립을 빌고 있을텐데

이 시대를 사는 우리들은
무엇으로부터 우리 나라를 지키고 있는가
이 시대를 사는 우리들은
조국을 위해 진정 무엇을 빌고 있는가

* 논개 : 조선 선조 때 경상우도 병마절도사 최경회의 후처. 임란 때 최경회가 병사하자 관기로 변장하고 촉석루에서 벌이는 잔치에 참석해 왜장(게야무라 로스케)을 안고 남강에 투신함. 민족을 사랑하는 민족혼의 화신으로 불려짐.

* 서재필 박사 : 독립 운동가 · 정치가(1864~1951). 호는 송재松齋. 김옥균 등과 일으킨 갑신정변의 실패로 일본과 미국에서 망명 생활을 하였음. 귀국하여 우리나라 최초의 민간 신문인 〈독립 신문〉을 발간하였음

당신에게 가는 길 1

당신에게 가는 길엔
송곳 물살이 있더이다
그래도 당신이 오라 하시기에

공양할 실과實果마저
품에 꼬옥 안고 가다가
당신에게 가는 길에 가시 덩쿨에 찔리고
길에 돌부리에 걸리고

그래도 오라 하시기에
당신 눈치 보느라 쥐눈이콩 된 심장은
눈물도 나지 않은 눈물 훔쳐냈더니
대쪽이 모자란다
대쪽 절개가 모자란다

그래도 오라 하시기에
당신 눈길 한번 받고 싶다는
한마디 못하고
쥐눈이콩 됩니다

제비꽃이 지나가다가
하이얀 미소 짓더이다
" 그래도 힘을 내 "
하이얀 미소 짓더이다

꿈을 품은 가슴

입은 옷 남루하여도
가난한 옷 벗겨보면
야윈 가슴
품은 꿈 보름달 같아
꿈만으로도 두둥실이네

고운 님 귀한 님
부둥켜 안은 황홀함보다
꿈을 품은 가슴 햇살이라네

꿈꾸는 대로 이뤄진다는 말씀에
안기고 싶은
넉넉한 가슴에
안기고 싶은

입은 옷 남루하여도
품은 꿈 있어
마음 가득 만석꾼이라네

어머니

어머니,
북한산 의상대 오르는 길에
가느다란 계곡을 보았습니다
그 속에 당신이 계셨습니다
쉬지 않고 흐르는 계곡물 속에서
당신은 말씀하셨습니다
네가 안고 온 눈물을 나에게 다오

어머니,
북한산 의상대 오르는 길에
가파른 바위를 보았습니다
그 안에 당신이 계셨습니다
하늘 담은 바위 속에서
당신은 조용히 말씀하셨습니다
네 안에 바벨탑을 나에게 다오

어머니,
북한산 의상대 내려오는 길에
작은 나뭇가지를 보았습니다
그 안에 당신이 계셨습니다
뾰족한 가시 속에서
당신은 힘주어 말씀하셨습니다
네 안에 수 없는 가시들 나에게 다오

어머니,
북한산 의상대 내려오는 길에
붉은 저녁 노을을 보았습니다
그 속에 당신이 계셨습니다
모습이 슬프도록 아름다우셨습니다
당신께 다 드리고
빈 몸, 빈 가슴 되어
당신을 바라봅니다

당신은 다시 미소로 말씀하셨습니다
네 안에 산을 담으렴

발꿈치

발꿈치에 가시꽃이 피었다
발꿈치에게도 어린 시절은
달걀 같았던

발꿈치로 아이를 낳았는가
양분 다 내어주고
말라버린 논바닥 가시꽃

두 발꿈치 비벼대며
기도 올릴 때면

가시꽃 찔러대는
기도 시간

타들어가는
붉은 울림

곰국 한 그릇

꿈 속에서나마 나타난 당신을
신발도 신기지 않은 채
쫓아낸 비정

가마솥 가득 겨울나기 곰국을
끓이는데 정성 가득 담은 채
어제 밤 꿈 속에서 내쫓은 당신
한 대접 먹이고픈
뒤 늦은 마음의 흔적이여

어쩌면
내다버린 한 조각 사랑
아직도
가마솥 가득 끓고 있는 모양이야
너에 대한 서운함과 함께

곰국 한 그릇 먹여 보낼 것을
신발이나 제대로 신겨 보낼 것을
꿈 속 가득 뜨거운 황량한 바람만 불고

통장 속 눈물

이국 하늘을 지금쯤
날고 있을 당신
어려서 어머니 잃어
가슴 한 켠이 쏟아졌다는 당신

친정 부모님 다 계셔도
내 가슴은 이렇게 휑해옵니다
누가 있어
시린 가슴을 쓸어 줄 수 있을까

내 어릴 적
철없이 떼써도 응석까지
다 받아 주던
꼭 한 분
그 분 뿐인데
어릴 때보다 무릎이 두터워져서일까
그분 앞에 꿇기만 하면 되는데 두 무릎
못돼먹은 내 가슴은
그 분 대신
음악을 듣고
너덜거리는 통장을 들여다 봅니다
통장 속에
눈물 없이 울고 계신 그 분을 봅니다

당신에게 가는 길 2

당신이 부르는 줄 알고
양말도 끼지 않고
산마다 나물을 꺾어
다리 건너 마을
나무 한 짐 태워(燃)
헐레벌떡인데
사립문 반쯤만 보이더이다

당신이 부르는 줄 알고
편지 가득 부치고
꽃잎 불어 화전花甎 삼고
다리 건너 마을
스승에게 길을 물어
헐레벌떡인데
사립문에 초승달만 걸렸더이다

앞마당 뜰에 혈꽃 피어
속에 가시 물은 진주
깊디 깊은 바다 그리워
나비 대신 보름달만 품고 있더이다

별의 계단

괴로움의 윤무輪舞
괴로움의 꼬리 붙잡고
달리고 달려 욕심을 향해
헐떡헐떡 한 계단 한 계단

마침내 괴로움은
한 송이 꽃으로 피어나지만
욕심의 꼭대기
그곳엔 아무것도 없었네

화무십일홍花無十日紅이라
꽃잎이 지네 한 잎 두 잎
꽃피우기 위한
한 발 한 발
긴 꼬리 괴로움의 계단

차라리 불꼬리 유성처럼
황금빛 행복일레라
꼬리 긴 별의 계단

* 화무십일홍花無十日紅 : 열흘 붉은 꽃이 없다는 말. 꽃은 피었다가 반드시 지는 때가 있음을 이르며 부귀영화, 명예의 덧없음을 비유하는 말
* 윤무輪舞 : 빙글빙글 돌면서 추는 춤. 여기서는 회오리바람에 괴로움이 휘말려 들어가는 것처럼 괴로움이 끝없이 일어나는 것을 비유한 것임

울고 있는 아이

누구에게나
모든 것 다 받아들여지길
바라는 마음이 있다
구멍 뚫린 양말을 신고 가도
화장기 없는 얼굴을 해도
가끔은 터무니없는 심통을 부려도

내 옹졸함을 이해해 달라고
내 아픔을 감싸달라고
내 상처를 싸매달라고
어린애처럼 떼쓰고 싶은 마음이 있다

상대가 배고픈 것은 아랑곳없이
나 목 마른 것만 들이 대며
떼쓰고 싶은 어린애가 있다
융단 폭탄을 쏘아 대며
울고 있는 어린애가 있다

팔십 먹은 노인에게도
칠순 박사에게도
육순 교수에게도
이십 먹은 청년에게도
우리 안에는 울고 있는 어린애가 있다

저만치

저만치 북한산
눈 가득 눈雪 속에
산이 내리고

저만치 하늘 호수
하얗게 하얗게
눈이 눈을 채울 때

저 멀리
앞마당 안에 들어오려는
당신의 소리 없는 발소리

앞마당 가득
이미 들어선 겨울 나무와
분주한 하늘 호수

저만치 북한산
눈 가득 눈 속에
시뻘건 번뇌를 버리고
어떤 것도 붙잡으려 하지 않고
저만치 놓아두는 멋스러움

허허로운 충만
참 빛이여

나르시스 단장斷章

주인 없는 생각의 바다
하루에도 만 갈래 천 갈래
엉켜진 실타래처럼
밀물이 되고 썰물이 된다

빛에 이끌려 꽃향기 메아리 되고
그늘에 가려 그림자 속으로
색깔 없는 그리움도 뒤엉켜
갈래 갈래 색색의 파도가 된다

집채만한 파도 속
깊디깊은 바다
말없이 눈을 감고
칠흑바다 속에 촛불을 켠다

명상 심연 속
출렁임 없는 멀고 먼 고요 속

진주 보석 하나
촛불로 타오른다

저만치 우뚝 서 있는 그대

참으로 많은 사람이 내 안에 들어왔다 나간다
어떤 이는 눈으로 만나고
어떤 이는 악수를 하고
어떤 이는 마음에까지 숨어들어
떡하니 자리를 차지하고 앉아버린다

매일매일 내 살처럼 가까이
정을 쌓고 염려를 나누고
향기가 되고
깊숙이 자리를 차지하고 누워버린다

어쩌다 저만치
손도 닿지 않는 곳으로
단절은 고통을 삼키고
몇 년 전 수첩 속 이름처럼
유리벽 아쉬움으로
단절의 고통은 아지랑이처럼 피어오르고
단절은 어느새 편안한 습관이 되어
함께했던 시간들만 기억 저 너머에서
유리 상자 속 박제로 남아있고

지금 내 옆에 남아있는 이들
끝까지 내게 남아

내 장례식에
눈물의 꽃을 던져줄 이 누구일까

함께 했던 시간들을 차곡차곡 쌓아도
못내 내 사람으로 남을 이 누구일까
속살처럼 남을 이가 누구일까

저만치 우뚝 서 있는 그대여

그물

창공을 훨훨 날고 싶은 새
창공을 높이 날고 싶은 새
하늘은 쳐다보지도 말라 하네

너른 바다 헤엄치고 싶은 고래처럼
너른 바다 포유하고 싶은 고래처럼
외롭고 고달픈 몸부림

새장 속
그물 속

힘차게 치고 나가자
힘차게 차고 나가자
커다랗게 물보라 일으키며
고요한 거친 몸부림

2부 너의 빛깔과 향기

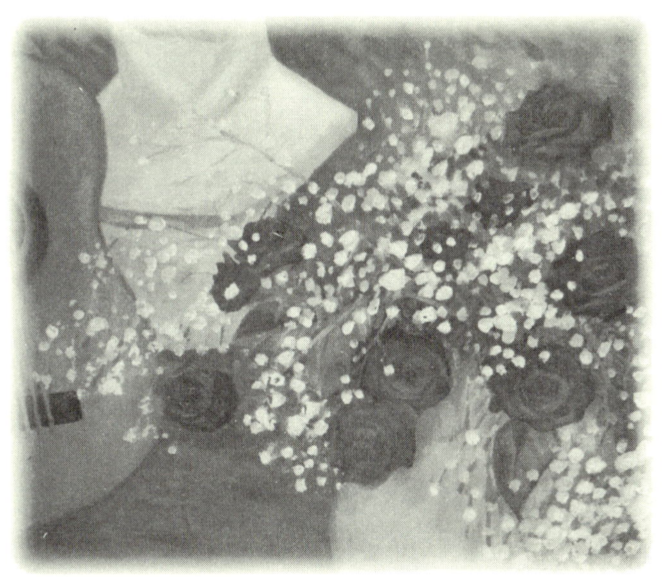

강소이 시인作 (일본 신원전 국제특별상 수상작) 유화

뜨거운 바위

흘러내립니다 아주 오랜만에
뜨거운 바위가

해태처럼 바쳐온
홍매화 송이들은
공중에 산산이 난파선 되고

스산한 겨울
당신 둘레를 빙점으로 산이 내리고
두더지 되어
땅 속 대지까지 구겨지고
포도주 잔에 홀짝홀짝 솟아나듯
착한 당신이 포도주 되어 야위어갑니다

수묵빛 은은한 매화송이
세번 부인한 베드로 되어버린
자화상 앞에
내 상처를 찢어내며

흘러내립니다 아주 오랜만에
뜨거운 바위가

자신과 만나기

우리는 늘 누군가를 만난다
아침부터 저녁까지

비바람 치는 날에도
폭풍 속에서도
새벽 안개를 가르며
누군가를 만나러 갈 때도 있느니

만나봐야
얼룩지고 금가 있는
연약하고 부족하기 짝이 없는
진흙투성이 뿐인데

조각나고 일그러진 이들을 보며
그 안에서 자신을 찾고
상대 안에 있는
흠 많은 자신을 발견하고
반가워 악수하고
끌어안고 싶은 것은 아닐까

자신을 끌어안는 일
그 얼마나 눈부시게 아름다운 일인가

한땀 한땀 뜨다보면

– 대학 입시와 취업을 앞 둔 초년병들에게

백운대만한 파도가
가녀린 아이를 삼키듯

불안이라는 놈이
여린 가슴을 삼키려

삽시간에
팥알만한 새가슴을 삼키려

갈 곳 찾지 못한
가엾은 넋들

어디로 가야할 지
갈팡질팡하는 2월의 넋들

어느 성현의 고백처럼
인자는 머리 둘 곳 없다던 말
떠오르는 첨탑

한땀 한땀 뜨다보면
열두 폭 병풍이 되듯
한발 한발
매일 매일의 눈물이

내일 진주가 되리
오늘 그들의 아픔이
두엄이 되어
내일 꽃으로 피어나리
내일 별빛으로 빛나리

* 백운대 : 북한산에 있는 봉우리 중에 최고봉이다. 몹시 가파르며 화강암의 기암절벽으로 이루어져 있다.

파주 보광사에서

나른한 오후 한낮
겨울 햇살이 봄볕처럼 곱고
천년고찰天年古刹 산사에
햇살의 고요가 등을 감싸올 때

저기 저만치
봄볕도 졸고 있는지
아직도 녹지 않은 게으른 눈이
골짜기에 시치미 떼며 누워있고

행인들 발걸음을
일상으로 재촉하며
내일을 행진하라 하네

겨울 동안 묵혔던 게으른 앙금도
내어버리고
새로이 문을 두드리라 하네

소복히 꽂아 놓은
소박한 돌멩이 기원 위에
겨울 햇살 미소 지으며
행인들 등 떠다밀며
내일을 안아 올리라 하네

너와 나의 겨울

누구나 겨울이 되면
두꺼운 외투 꺼내 입고
외투 깃 올린 채 고개 떨군 채
땅바닥만 보며 걷습니다

주머니에 꽂은 손
휴대폰만 만지작 만지작
혹시나 겨울 속으로 달아난 친구
못난 나를 용서하려나
휴대폰 울릴 때마다 설레임입니다

차마 친구에게 먼저 말 걸지 못함은
친구의 깊은 날선 상처가 나뭇가지에 걸려
대롱대롱 떨고 있기에
내 것은 등 뒤에 감춘 채
화해하자는 한마디 못하고
속없는 기침뿐입니다

누구나 겨울 되면
두꺼운 외투 갖추어 입고
외투 깃 올린 채 고개 떨군 채
땅바닥만 보며 걷습니다

너의 빛깔과 향기

생생한 화초들 중에
시든 너를 보면 마음이 아려오는구나
물을 주지 않은 탓일까
마음을 써주지 못한 탓일까
내 너를 찾으면
늘 꽃을 피워줄 줄 알았는데

허전한 마음 달래려
다른 화초들 심어본다
다홍 빛 제라늄도 심어보고
새빨간 포인세티아도 심어보고

마음 화단에 심었던 친구들 중에
멀어진 너를 보면 마음이 소금밭이구나
편지 한번 제대로 하지 않은 탓일까
네 초대에 답하지 못한 탓일까
내 너를 찾으면
늘 내게 달려와줄 줄 알았는데
너는 먼 곳을 보고 있구나
외로움도 슬픔도 눈물도
다 내 탓이거늘
용기 내어
오랜만에 안부전화라도 할라치면

반겨줄는지 의기소침해지는 이 계절
말라버린 화초는
다른 화초 심어오면 된다지만
멀어진 너를
대신 할 이 없구나
너의 빛깔과 향기를 대신할

함박눈

창밖으로 보이는 함박눈 아침
눈이 온다는 소식 전하던
설레는 당신도 함박눈 속에 내리고

창 밖
함박눈 담은 운동장
머얼리 떡가루 덮은 봉우리들
함지박 떡가루 속 히끗히끗 바위들

오래도록 찾지 않아도
불평 없는 너희들의 인품
바라는 거 없이
주고만 싶다는 너희들을 보며
산을 닮지 못하는 자신이 용서되지 않는 날

창 밖으로 함박눈은 하염없이 내리고
내 옹졸함에 얼어있는
당신도 함지박 속에 내리고

함박눈처럼
함박눈처럼
함박눈처럼

하이얗게
하이얗게
당신도 함박눈 속에 내리고

연민

겨우내
당신에게 쓰던 새벽 편지 대신
새벽에도 시를 읽었습니다
온종일 책을 읽었습니다
새벽을 이어 아침을 이어 저녁에도

시 속에 책 속에 구원이 있더이다
당신 대신 빛이 있더이다

당신을 사랑하는 데는 조바심도 있더니
집착의 덩어리들 내어버리고
모든 거 내려놓으라는
성현의 말씀이
저 건너 마을 사찰
금강경 속에 다이아몬드였습니다

금강석으로 요란하게 치장하고
다시·당신을 바라보니
마치 월남전 패잔병 되어
다리 절고 있더이다
당신 가슴에 총알자국
지친 상흔
열로 가득한

아마도 당신은 포화 속
가녀린 들꽃이었나 봅니다

시로 마음 빗기

며칠째 아픔처럼
영하의 날이 계속되고
저린 배추잎 마냥
돌덩이 마음
늙은 교회 앞마당
끝없는 명상

엉클어진 머리털처럼
바람 속에 흩날리며
교회당 앞마당
명상 속 가슴앓이

시가 있어 구원 줄 되어
시로 머리 빗고
시로 마음 빗고
가지런한 눈망울

침묵이 말해주네

앙상한 겨울 나뭇가지에도
눈을 담을 넉넉함이 있어
나뭇가지마다
하얀 채색이 한창인데
팥알 같은 일로 너와 엇갈려
토라진 침묵의 겨울
앙상하게 말라버린 시커먼 나뭇가지
뾰족하게 메마른 옹졸함이
너를 찌르고야 말았다는 걸
한 움큼 눈을 담을 만한
넉넉함도 내 안에 없었다는 걸
긴 겨울 침묵의 소리
앙상한 겨울 나뭇가지에도
눈을 담을 넉넉함이 있어
나뭇가지마다 하얀 채색이 한창인데

인사동 거리

겨울 인사동 거리
엊그제 눈
종종거리며 사람들 모여드는데
어느 한옥 기왓장 위
수줍은 새악시 하얀 속살이
까망 위에 하얀 떡가루같이

겨울 거리 인사동
전통 찻집
생강차 속에 시인의 연민이 고이는데
어쩌면 아픈 목
떠난 님 그리워 슬피 울던 겨울새
시인의 목을 콕콕 찌르며
시인의 목 너머로

인사동 겨울 거리
운치 속에
겨울이 소록소록 숨어가고
시인들 맑은 혼
마음 쉼표 찍으며
봄의 소리를
벌써
향기 맡아오느니

시 세편

시 세편을
춘천행 전철역에
두고
서울행 전철을
달린다

서울행 전철에
빗물이
독수리부리처럼
화살 되어
튕겨 나간다

문학상을
두 개나 받은
시 세편을
인적 드문 곳에 두고
서울행 전철을
달린다

손수레

서초동 법원 앞
진리의 저울 누구에게나
공정한 거리에서는
손수레 끄는 허리 꺾은 노인들을
좀처럼
볼 수가 없다

서울 끝자락
여리고 소심한 서민들
착한 구파발 거리에서는
종이상자 가득 실은 허리 기역자 노인들을
심심치 않게
볼 수가 있다

차 끌고 다니는 젊은 여인
손톱마다
치장이 색연필처럼 다채롭고
손가락마다
보석상이 열렸는데

아아, 죄인된 거 같구나
저 꼬부랑 노인 앞에
납덩이 죄인된 거 같구나

손수레 속에
얹고 또 얹어
끈마다 노인의 끼니를 묶어
끌고 있는데 안간힘 다 묶어

차 끌고 다니는 젊은 여인
보석 박힌 손이
비켜 달라 빵빵거리고 있네

커피 한 잔

요즘도 같은 서울 하늘 아래
씁쓸한 지하실 방에
혼자 사는 할머니도 있고
할머니 한 끼니 보다
더 비싼 브랜드 커피를 마시는
아가씨들이 있다

커피 든 아가씨 손
손톱 치장도 요란하다
금싸라기 땅 최고 성형외과에서 높인
오드리 햅번 콧날 햅쌀처럼
늘씬한 맨다리
아슬아슬 치마

요즘도 같은 서울 하늘 아래
씁쓸한 지하실 방에
혼자 사는 할머니도 있고
할머니 한 끼니 보다
더 비싼 브랜드 커피를 마시는
아가씨들이 있다

바퀴가 밟고 1

출근 길 급히 달리는 6차선 도로 위
고양이 한마리
연분홍 허연색 창자 예쁘게 도로 위에 전시되고
아직도 꺼지지 않은 마지막 숨결인지 다리를 파드득 떨고
아마도 급한 바퀴가 밟고 간 모양이다

퇴근 길 지쳐 달리는 6차선 도로 위
비둘기 한마리
진회색 희끗한 날깨 납작하게 도로 위에 전시되고
이미 꺼져버린 마지막 숨결은 소리도 내지 못한 채
아마도 지친 바퀴가 육중하게 밟고 간 모양이다

먹이 찾아 6차선 도로에 나왔을까
떠나간 짝을 찾아 여섯번째 도로에 나왔을까
비정한 사람들 도로에
너희들을 변호해줄 이 하나 없고
너희들을 슬퍼해줄 이 하나 없는데
밟고 간 바퀴도 미안해 하지 않는 것을
문명 속에 밟혀가는 가엾은 넋이여

바퀴가 밟고 2

인생 길 신나게 달리는 6차선 도로 위
이 땅의 딸들
시커멓게 타들어간 상심의 심장이 도로 뒤에 놓인 듯
딸로 태어난 죄로 차별도 무시도 견디라고
딸을 낳은 또 다른 딸의 외디프스컴프렉스
바퀴가 밟고 간 모양이다
오랫동안 내려온
차별의 바퀴가 밟아가고 있는 모양이다

남녀가 평등하다는 오늘 날에도
소리 한번 내지 못하고
이 땅의 딸들이 힘없이 주저 앉아버린다
인간이기 보다는
예쁘게 치장한 꽃이어야 한다고
딸들의 기본권은 육중한 바퀴 밑으로 들어가도
너희들을 변호해줄 이 하나 없고
너희들을 슬퍼해줄 이 하나 없구나
밟고 간 바퀴도 미안해 하지 않는 것을
편견 속에 밟혀가는 이 땅 딸들의 넋이여

* 외디프스컴플렉스 : 프로이드의 정신분석학설 중 무의식의 일종. 여성이 남근을 선망하면서 같은 여성을 경시하며 남성우월주의에 빠져있다는 왜곡된 심리상태를 말함

바퀴가 밟고 3

– 서오릉 장희빈묘를 보고

배곯지 않으려 침방針房 나인되어
시커멓게 타들어간 자리 가시에 놓인 듯
왕의 총애 지키려
쏘아댄 화살이 왕후께만 향한 것이었겠는가
천한 신분
떠받쳐줄 정승 부모 두지 못해
서인 남인 당파싸움의
바퀴가 밟고 간 모양이다
서쪽 끝 후미진
그대 무덤 초라한 구석자리
그대를 지키는 것은
찌그린 얼굴 양쪽 석인石人뿐인가

석양도 석마도 석호도
비각도 정자각도 홍살문도 모두 물리치고
머리 위 족두리처럼
바위 뚫고 자란 갈참나무 몇 그루 머리에 이고
그대의 속내를 극락정토로 향하고 있는가
도토리나무 알싸하게 무성한 곳
그대를 변호해줄 이 하나 없고
슬퍼해줄 이 하나 없구나
밟고 간 바퀴도 미안해하지 않는 것을
당쟁 속에 밟혀간 대빈大嬪의 넋이여

* 극락정토 : 아미타부처님께서 큰 삼매력으로 만든 보살(8지)이 왕생하는 극락 세계. 신분 차별도 당쟁의 피비린내도 없는 천국을 이르는 불교 용어이다.

3부 오래된 기다림

북한산 의상대

巨木 그림자

옆구리에 술병 숨겨 다니던
백수광부白首狂夫
아내 만류에도 강물에 빠졌단다
우리들 주신酒神
시대의 천재

술병 옆구리에 자기를 숨겼던
이 시대 석학 천재
소크라테스에 이어 두보를 일구는
이 시대 초인超人
꽃잎을 태운 어여쁜 이

길게 드리운 거목 그림자
갖가지 보석으로 반짝여도
가슴 속 한 조각 아린 알 속
화려한 나락
고뇌 한 방울 한 방울
술병 속에 돋아나도
누가 있어
그대의 시뻘건 번뇌를 알리오
서늘한 외로움을 훑으리오

* 백수광부白首狂夫 : 우리나라 고대 시가 ' 공무도하가 ' 에 나오는 등장인물, 옆구리에 항상 술병을 차고 다녔으며 어느 날 아내의 만류에도 불구하고 강물에 스스로 걸어 들어가 죽었다. 백수광부는 그 시대 무당으로 해석되며 신적인 존재였다. 세상을 아파하느라 술병을 차고 다녔던 것으로 해석되며 이 이야기는 〈고금주〉에 전해진다.

어릴적 예배당

낯선 나라다
28년만에 찾았더니
살던 집도 없어지고

어릴 적 다니던 예배당만
이름을 바꿔 그 자리

한참 예배 중에 들어가
중년 여인으로
포개 앉는다
28년 전
여리고 백지 빛 소녀
기도드리던 자리에

세상 분진粉塵 잔뜩
바벨탑 층층마다 쌓여
지나던 오색 방울새
날개마다 버겁다

어쩐지 소녀의 눈에
아픔처럼 가시가 돋았다

소녀의 눈엔
28년 자라
영글었어야 할
거울에
청동 이끼만 무성하다

사슴뿔 단상斷想

봉오리마다 물이 가득하다고
모두는 화들짝이었던 거야
봉오리마다 가득한 물이
제국에 꽂혔던 거야

이미 뿌리 내린 화단에
눈부신 봉오리인 것을
여느 꽃보다
돋보일 용기를 뱀들이 물어갔는가
관능처럼 치마 속에
사슴을 싣고
사슴뿔이 오만한 하늘로 올라가
가시풀 가득
제국을 덮었던 거야

모두는
자신의 제국이 제일이라고
이웃 마을 제국들
서로 흠집 내기 키 재기 한참이고
사슴뿔 높아 서늘한 거야

허상을 입고

태고 적부터 나목裸木 한 그루
무성하여 잎마다 기억이 기울고
잎마다 정분이 묻어 있었지

무덤덤하게 드리운
나목 그림자
내 안에 긴 파장으로 남았었나

콩자반 하나
집어 올리듯
너를 만져보려 했더니
툭 미끄러져 요란한 비명
너는 도둑 고양이처럼
나신裸身 되어
드리운 나락의 끝을 핥고 있었던거야

휘날리던 그림자 그림자마다
가득 들어있던 허상을 입고
핥고 간 자리 자리마다
다시 나목으로 돌아와
미끄러져 나간 한 그루

거절

당신은 거절할 수 있나요
준다는 상을

오미자차 마시며
선배 문우에게
가슴 벗어 보여 주었다
인사동 찻집에서
준다는 상 거절한 날

만져 줄 수도 없다며
발을 동동거리는데
내 가슴 시꺼먼 숯이
선배에게 묻었는지
흑빛 얼굴로 꾸짖는다

–상을 거절하는 바보가 어디있노
준다면 받아야지
–아이다 잘 했다카이
슈바이처는 노벨평화상도
두 번이나 거절했는디
니는 그깟 문학상쯤이야
내도 오늘 엄니가 차려주신 아침상
거절했다카이
그래도 니는 바보데이

집으로 오는 독립문역
태극기 나무 한 그루
잎마다 닥지닥지 태극기를 달고 있다
태극기만은 알 것이다
내 가슴 시뻘건 숯덩이를

한 그루 나무

억겁의 시간 속에 기록될까
구순九旬의 기나긴 노고
짧지 않은 하루 하루였으리라
6 · 25 전쟁에서도
어린 자식들 무사히 지켜내고
머언 인생 길 따가운 여름 햇살도
꿋꿋하게 살아내었지

여덟 딸 여식 하나
하늘 같은 지아비
하나 더 없는 아들
차례차례 먼저 보내고
가시철조망 지옥 속에서도 살아내었건만

시간이라는 놈은 이기지 못하여
가벼운 깃털처럼
요양원 침상 위 몇년인가
제국주의보다 무서운 게 나이인가 보다
전쟁보다 무서운 게 세월인가 보다

무엇으로 노구老軀를 되살릴 수 있으리
숟가락 하나 들어 올리지 못하는 허무를
억겁의 시간 속에 기록될까

저 구순의 기나긴 노고
구남매와 외손주들 키워낸 인종의 수고까지

6월 햇살이 유난히 따가운 한낮
요양원 뜰 앞
이름 모를 나무만 시치미 떼며 졸고 있느니
억겁의 시간 속에
기록될 나무 한 그루

* 시작詩作 노트: 90세 외할머니의 일생을 한 그루 나무에 빗대어 표현한 것이다. 억겁의 시간 속에 기록되지 못할 할머니의 허무한 일생에 무상감無常感이 느껴져 반어적 표현- 객관적 상관물(요양원 뜰 앞 이름 모를 나무)을 동원하여 시를 써보았다.

어머니의 어머니

봄볕도 눈부신 5월
아홉 자식에게 불사르고
구순九旬 노구로
어머니의 어머니 누워 계신다

봄볕도 찬란한 5월
어머니 낳으신
어머니의 어머니 계신 요양원
숟가락 드실 기운 없어 미음도
코에 호오스로 드시고

봄볕도 곱게 익은 5월
인종을 목숨으로 아시고
순종밖에 모르던
어머니의 어머니 누워계신다

봄볕도 곱게 익은 5월
외할아버지 호령에
숨 한번 크게 쉬지 못하시던
어머니의 어머니 누워계신다

봄볕도 너무 익은 5월
기도처럼 누우셨어도

하루 종일 참 바쁘시리라
9남매 자식들에
그 손자 손녀들까지
밥 숟가락 챙겨주시랴
생의 끈을 아직도 잡고 계신가 보다
돌리지도 못하는 묵주 손목에 감고

봄볕도 고운 오늘 같은 5월
꽃 나들이 한번 해보셨을까
이 땅의 어머니의 어머니들
저렇게 허망하게 누워계실 것을

꿈마져 다 바치시고
아직도
자식들에게 줄 것이 더 남으셨나보다
아린 가슴
어머니에게서 어머니에게로 흘러라

나이테

무궁한 시간인 줄 알았다
나이테 영글어질수록
어느 순간부터였던가
겁장이가 거인이 되었다 내 안에서

요양원에 깃털처럼 누워계신 꽃들
늙은 갓난 아기들
보고 온 날
저 차례 누구도 비켜가지 않는 것을

보드란 생의 열매 위해
꽃들이 흘린 눈물의 밤들
숙제 마치고
자신의 꽃대궁이 헤아리며
이제
대지의 자궁 속으로 돌아갈 시간표
기다리고 있는가

꽃은 꽃다워야 장렬한 법이다
하지만 꽃이 지고 나야
그 자리에 열매가 열린다고 했던가

아직은 젊은 우리들
저렇게 꽃답게 열매지기 위해
이제는
남은 깍쟁이 시간들 아껴두고픈
옹골지게 살아야한다는
소리를 차곡차곡 쌓으라 한다

세상에 왔던 향수香水 심으라 한다

환생을 위하여

요양원 침대마다
꽃들이 누워있다
숙제 다 마치고
알맹이 다 주고 남은
움푹 들어간
영혼의 창을 껌벅이며

저 꽃들도 젊은 날 있었으리
아리따운 고운 자태 뽐내며
벌과 나비에게 향기 자랑하며
그런 날 있었으리

무심한 시간은 바다처럼
꽃들의 청춘을 한 잎 한 잎
띄워보내고
약속한 시간이라는 놈은
한 치의
용서도 없이
저 꽃들의 뽀오얗던 살갗마저
훔쳐갔으리라
새싹 돋는 봄날
대지라는
자궁 속으로 다시 돌아가기만

기다리는 저 꽃들
하늘이 계시다면
열매에게 뿌리 되어준 저 꽃들
시들어가는
저 겨울들에게 은총을 내리시길

하느님이 계시다면
젊은 날 다소 잘못한 죄 있다 해도
껍데기만 남은
저 꽃들에게 용서를 내리시길

하늘에 하느님이 계시다면
힘없이 누워있는 저 겨울들
다음 생에서는
더 찬란한 꽃으로 환생시키시길
이 땅에서
그들 꽃나들이 한 번 못하고
꽃 열매 위해 쟁기 되었으므로
그 세상에서는 사랑만 하고
그 세상에서는 사랑만 받고
그렇게 그렇게 꽃으로 다시 피어나길
그렇게 그렇게 환생하기를

독수리를 걸라

– K교수를 추억하며

머리카락 끝에서 가슴까지
아린 알속까지
수렁 같은 심원의 바닥

침상에서 몸 일으켜
창을 열면
금화터널 지나
울 학교 C학관
만해와 소월의 공간의식을
강의하시던 교수님
24년 시간 칼날 끝에 앉아
다시 하시는 호령

어쩌면
수렁 같은 심원의 바닥
폐허 같은 두려움은
내가 나로 살지 못함일터

잠시도 늦출 수 없는
칼날 끝 호령
새벽 바다를 치라
새벽 바다를 치라
부서지는 새하얀 용솟음에

독수리를 걸라
머리카락 끝에서 가슴까지
아린 알 속까지
독수리를 걸라

동해처럼

쓴 소리 하던 네 눈에
열이 가득하고
밀어내는 소리로 돌 던지던 네 손에
열이 가득하고

병들어 버티고 버티다가
어머니 찾아온 어린애마냥
열이 펄펄

미움도 분노도 끌어안아 주마고
뜨끈뜨끈한 북어국 한그릇
동해처럼 넓고 깊은 따사로운 보살핌
세례가 되고
성자가 되고
동해바다 청정한 초록 향기처럼
네 열을 풀어주리
향기처럼
너를 감싸 안아주리

북한산

북한산 의상대
오르는 길
어머니 손길 찾는 어린애처럼
계곡물에
안고 간 납덩이 모두 흘려보내고
가파른 바윗길
겁먹은 거미처럼
어머니 같은 바위에 안긴다

북한산 의상대
내려오는 길
저녁 노을 기러기 속에
아려오는데
시를 쓰라는 그분의
따뜻한 말씀이 어머니가 된다

* 아려오다 : 마음이 몹시 고통스러워지다. 상처가 찌르는 것처럼 아프다.

발 씻기기

당신의 발가락이 10개였더군요
엄지 발가락이 참으로 굵고 짧았습니다
아마도 제왕을 그리워하는 맘이 크셨나 봅니다

당신의 발에 묻은 먼지도 10개였더군요
딱딱한 구두 속에서 숨 들이쉬고
웅크린 채 제왕처럼 겁먹고 있었나 봅니다

당신 발이 따뜻한 물 속에서
내 손 안에 있을 때
하얀 비누거품과 함께 천국이었을 것입니다
예수가 제자들의 발을 씻어주던 성경 이야기가 참말이듯
당신 발을 씻어주던 내 손도 제왕을 말하고 있었습니다

당신 발에 붙어있던 온갖 굳은살 녹아지게 하고파
당신 발에 붙어있던 모든 피 묻은 상처에 입맞추고파
당신 발에 붙어있던 나비조차 애벌레껍질 속으로 보내고파
보드랍게 내 손 안에 당신 발을 담고
예수가 고배苦杯를 마시듯 당신 발을 마시고자 함이었습니다
이제 내 손에는 당신 발이 없고
다만 당신의 행복해하던 얼굴만이 하얗게 맴돌고 있습니다

애인

금방 싫증이 나겠지만
애인에게 반한다 해도

진분홍 씨크라멘
아름다운 꽃이여
연분홍 제라늄
피고 지고 또 피는 고마운 꽃이여
새하얀 꽃기린
새침한 여인의 마음이여
잔잔한 꽃분홍 가랑코에
모습이 맵도록 황홀하여
너희에게 홀리는 것 같구나

아무 약속 없던 너희들만이
내 곁을 지켜주는구나
이 겨울을
아름답게 채색하자던 사람은 침묵하는데

사람보다 나은 게 꽃인가 보다
살 같은 애인들이여
있어 겨울도 춥지 않으리
곁을 미소하는 애인들이여

영하 날씨

만석꾼 부자 같구나
너희들을 들여 놓았더니

영하 날씨에도
너희들 초록을 보고
진분홍 씨크라멘을 보고
연분홍 제라늄을 보고
하얀 꽃기린을 보고
너희들로 하여 이렇게 마음이
주홍빛으로 녹아드는데

너희들로 하여
마음 시리지 않는 것은
알록달록 재롱부리는 너희들이
황금햇살 물어오기 때문이려니

영하 날씨에도
우리네 마음은 꽁꽁 얼어도
너희들 착한 화초는
푹신한 남쪽 햇살 밀물처럼 푸르리라
아름다이 분수처럼 기쁘리라

4부 잊고 있던 애인

강소이 시인作 (일본 신원전 국제특별상 수상작) 유화

가시면류관

괴로운 밤
조각 달빛조차 물리치고
당신 앞에 촛불을 켭니다

괴로운 마음 신발 삼아
달려가고 싶은 이 새벽
당신 심장 어찌 그토록 할퀴었는지
당신 앞에 용서를 구할 염치조차
달빛이 훔쳐가 버린 오늘

자신을 용서하지 못해
끝내 당신을 찾지 못하고
무릎 꿇고 통곡하고 절규하면
진홍 같은 내 납덩이도
당신은 순금으로 녹여버릴텐데

조각 달빛조차 없는
괴로운 밤
괴로움은 촛불처럼 타들어가고
머리털마저 불꽃처럼 타들어가고
당신 태운燃 시린 황금 자리
감히 다시 무릎 꿇는
회개의 축복은 가시면류관입니다

기 도

– 대입 시험을 앞둔 아들에게

잠 못 이룬 밤
촛불처럼 긴 기도가 타들어가고
촛불처럼 맑은 기원이 타들어가고

너를 위한 간절함이
가장 낮은 곳까지 납작 엎드려
너를 위한 기도는 애끓는 몸부림
신 앞에 힘없이 허물어지는 부모의 바벨탑

진작 기도했어야 했는데
후회도 촛불에 하얗게 타들어가고
빠알갛게 타들어가는 부모의 심장

하늘까지 치닿은 붉은 살점

먹여주소서

– 2010년 영하 13도의 성탄절

서울 부자 동네 성탄절 예배
어리디 어린 입술에서
– 하늘의 영광 ~ 주여 주여 먹여주소서 ~
– 하늘 양식 먹여주소서 ~

그렇습니다, 주여
서울 끝자락 달동네에는
오늘 같은 날에도 하늘 양식보다
배를 곯는 독거노인이 있습니다
오늘 같은 영하 13도의 성탄절
서울 끝자락 어느 지하실 방에는
몇 년째 기침하는 늙은이가 있습니다
몇 년째 약 한번 제대로 써보지 못하는
가여운 당신의 어린 늙은이가 있습니다

누구에게나 햇빛을 내리시는 주여
누구에게나 단비를 내리시는 주여
가장 그늘진 곳 움추린 이들도 먹여 주소서
가장 추운 곳 쭈그린 이들도 먹여 주소서

그렇습니다, 주여
서울 부자 동네 성탄절이나
서울 끝자락 달동네 성탄절이나

당신은 하나이십니다
세상은 가을 추수만큼 풍요롭고
세상은 어머니 젖가슴만큼 흡족하다고
따땃한 햇살이 온 누리에 퍼지게 하소서

성탄절

올해도 어김없이 겨울처럼 성탄절이 오고
거리마다 성탄절 장식으로 번쩍번쩍
사람마다 손에 무엇인가를 들고
누군가에게로 총총거리고

올해도 어김없이 겨울처럼 성탄절이 오고
순결한 아기 예수
그의 탄생이 이 땅 족속들과 무슨 상관이랴
아기 예수는 이 땅 족속들을 위해서도
십자가 형틀에 속죄양으로 오셨다는데
아기 예수는 이 땅 족속들 마음에도
하이얗게 순결한 모습으로 오신다는데 해마다

이 땅 족속들
마음은 철창으로 가둬둔 채
아집의 벽을 높다랗게 쌓고
이기심의 벽을 단단하게 두르고
교만의 벽을 빼곡하게 쌓고
자만심의 벽을 철통같이 두르고
거리마다 성탄절 장식으로 번쩍번쩍
손마다 들려있는 무엇인가가 성탄절이라는데
소롯이 아기같은 마음으로
순결한 아기예수의 탄생은 올해도 오고 있는가

원수를 내 몸같이 사랑하라는
순결한 아기예수의 탄생은
올해도 찾아 오고 있는가

성탄절 전야

2천년 전 중동 어느 마을에
순결한 아기 예수 태어났다네
동북아시아 반쪽 나라 사람들 위해서도
순결한 아기 예수님 태어났다네

창에 찔리고 채찍으로 맞기 위해
십자가 형틀에서 못 박히기 위해
십자가 형틀에서 피 흘리기 위해
순결한 아기 예수 태어났다네

오늘 이 곳 동북아시아 반쪽 나라
이 땅의 젊은이들은 성탄절 전야마다
집이 아닌 곳에서 밤을 꼬박 태우고
아기 예수의 탄생일은
이들에겐 향락의 연기일 뿐

순결한 아기 예수는 그들 젊은이들 속에서도
꽃처럼 태어나야하리
순결한 아기 예수는 그들 젊은이들 속에서도
빛처럼 태어나야하리
순결한 아기 예수는 그들 젊은이들 속에서도
소금처럼 태어나야하리

프로메테우스 날개

침묵
무언수행無言修行
며칠째 자신에게 내린 명령이었다

한줌 흙 되어지길
결국 땅 속 자궁으로 돌아가길

폐허 같은 이웃
감사를 모르면 천민이 되는 걸
성골聖骨이 못되어
진골眞骨도 못되어

오히려
천민 앞에 피 토하며
뼈조각들 부수어 바쳐도

침묵
무언수행無言修行
며칠 째 프로메테우스
날개 위에 하얀 깃털되었다

* 성골聖骨 : 신라시대 골품제도에서 부모가 모두 왕족인 계급이나 그 사람. 오늘날에는 신분, 학식, 교양, 기품이 모두 뛰어난 사람을 이르는 말
* 진골眞骨 : 신라시대 골품제도에서 부모 중 어느 한쪽이 왕족인 사람. 오늘날에는 신분, 학식, 교양, 기품 중 약간 미흡한 사람을 이르는 말
* 프로메테우스 : 그리스 로마 신화에 나오는 신, 인간에게 불을 훔쳐다 준 벌로 코커서스산상山上에서 독수리에게 간을 쪼아먹힘

멍석 깔고

내 앞마당에 들어와
멍석 깔고 떡하니 앉아
버들피리 불고
도포자락 너울대며
산맥 같은 눈물 떨구던 너

너 앉았던 솔잎 자리
달빛이 머물고
물빛이 머물고
고요한 침묵의 빛이 채우건만

어머니 같은 맘
산천을 몰아치는 눈보라
덮어주마 가녀린 손 내밀면
너의 고단한 고운 맘 자락

마음 쉬고 싶을 때
내 앞마당
떡하니 멍석자리

문패

문패만 요란하게 걸려있다
누구네 집인지 온 세상에 분명하게 알려 두었다
문패 주인은 좀처럼 집에 오는 일이 없다
문패만 걸어 놓고
소행성 소우주국 대행성 대우주국 비행기다

빈 집에 고양이 한 마리 정적을 핥고
빈 집에 달 빛이 푸르고
빈 집에 춘향이 창唱을 하고
빈 집에 노을이 노릇노릇 구워진다

문패만 요란하게 걸려있다
누구네 집인지 온 세상에 분명하게 알려 두었다
문패 주인은 좀처럼 집에 있는 일이 없다
공 공 공 공놀이
노을이 바짝바짝 구워질 때까지
돌 돌 돌 돌놀이
달빛이 말랑말랑 익을 때까지

빈 집에 가득한 건 문패뿐이다
빈 집에 달빛이 푸르고
빈 집에 춘향이 창唱을 하고
빈 집에 노을이 노릇노릇 구워 진다

시 한줄

오랜만에 친구를 찾아갔다
시집 한 권 들고

" 이렇게 봤으니 일 년 동안
안 봐도 되겠지 " 했던 친구
몇 달만에 불쑥 나타나
어깨를 내민다 두드려 달라고
땀냄새까지 던지며
정분 쌓인 사이처럼

가시 철조망 빽빽한 손안에
내민 어깨 허공 속에 부숴진다
허공을 훑던 손짓마저 허공 속에 부숴진다

생부生父께서 육신 걷어 벗어
골방 속 침묵의 밤을 지새웠다는
말 조각
허공 속에 부숴진다

무슨 위로를 할 수 있을까
시 한줄 읽지 않는 친구에게
아픔 한 조각
허공 속에 부숴진다

잊고 있던 애인

오랜만에 나타난 애인
불쑥 어깨를 들이민다
어깨 위에 새鳥를 가득 담은 채

새 한마리 건네 주려나
아무리 기다려도 야단뿐이다
내 어깨도 두드려 주려나
내밀었더니 또 야단뿐이다
시 한 줄 읽어주려나
기다렸더니
새鳥만 잔뜩 건넨다

날개 접은 새들
시 적힌 페이지마다 끼어있어서
시집 책장이 넘어가질 않는다

새 없는 애인 어깨엔
새 현판이 붙었다
날아오르고 싶은 시인이라고

아버지

고단한 날개 고이 접어
버스에 싣고
마음도 가득 싣고
주말마다 서너 시간씩
도로 위에 공양하며
꼭꼭
어린 자식 찾아가는 아버지

타향살이 배고프고 외로워도
긴 날개 깃들일 곳 있어
노모의 품 속 찾아가는
노모처럼 늙어가는 어린 아버지

소박한 음식일망정
어머니 해주시는 음식이 제일 좋아라
어린 자식들 찾아
천륜의 정 안기고 안아 보고
두 정 양분 삼아
타향으로 긴 날개 퍼득이며
다시 날아 온다네
다음 주말 다시 내려갈
시간표 될 때까지
타향 속 외로움과 허기를

고향으로 촉수 향하고
당신의 알갱이 마음 알속은
거룩한 이름 아버지
무엇으로 끊어낼 수 있으리
단단한 이름 아버지
가장 진실한
천사 되는 시간은
아버지

* 시작詩作노트 : 50代 중년 남자가 어린 자식 셋을 지방에 계신 노모에게 맡겨두고 주말마다 찾아간다는 이야기에서 시의 모티브를 얻었음.

처방전

머리 한 가닥가닥 시들하여
동네 병원을 찾았더니
주사 대신 의사는
컴퓨터를 오래 하지 말라 한다

–할 일이 많아요
–빨리 낫게 해주세요
처방전 대신 의사는
컴퓨터를 오래 하지 말라 한다

화장도 하지 않은
엉클어진 머리의 중년 여인이
할 일이 많다는데
– 종일 컴퓨터로 원고 정리했다는
열이 높다는 한마디 안 했는데
주사 처방전 대신 의사는
컴퓨터를 오래 하지 말라 한다

혈관 속에 가시가 있는 게
혈관 속에 시어가 흐르는 게
X – ray를 찍지도 않았는데
주사 처방전 대신 의사는
컴퓨터 다가 앉아 신음하지 말라 한다

눈망울

교실 창 밖 영하의 날씨
운동장엔 황량한 바람만 이는데
교실 안으로 쏟아지는 햇살처럼
너희들 눈망울 눈망울이 별빛이구나

여기저기 재잘거리는 너희들의 소란함도
정겹게 들리는 것은
교실 안으로 쏟아지는 햇살처럼
너희들 재잘거림이
햇살보다 밝기 때문이려니

정금보다 순수한 너희들 얼굴 보면
저절로 미소가 흐르고
찬란한 물결처럼 내일이 흐르고
내 사랑하는 너희들과 씨름하는 이곳은
내 천국이 됨이니
목이 쉬도록 시를 가르치고 문학을 심어도
슬프지 않은 것은
너희들의 눈망울에서 별을 보았기 때문이려니

교실 창 밖 영하의 날씨
운동장엔 아직도 황량한 바람만 이는데
애들아, 내일도 별처럼 가자꾸나
애들아, 화사한 봄 햇살처럼 가자꾸나

교사의 기도

공부를 잘하든 못하든
잘 생겼든 못 생겼든
재능이 있든 없든
학생 한명 한명을 있는 그대로
받아들여 내 살처럼 아끼게 하소서

이 세상 폭풍우 속에
우산 펴는 법을 알려주게 하시고
비바람 속에 울고 있는 아이
다시 일으켜 세우게 하소서

시들어가는 화초에게 물을 주고
안타까운 마음으로 살려내듯이
어깨 쳐진 아이들
어깨를 두드려주게 하시고
고개 떨구고 있는 아이들에게
희망의 꽃을 심게 하소서

저 아이들이 삶의 목표를 세우고
저마다의 길을 찾아
내일을 준비하는 땀을 배우게 하소서
한땀 한땀 수놓아
밤 하늘에 가득한 별이게 하소서

한명 한명이 모두
영롱한 별빛으로 빛나게 하소서
별 속에 따뜻한 사랑으로
활활 불타게 하소서

시베리아를 위하여

시베리아였는가 내 고향은
바짝바짝 얼어 붙은 마음
햇살 퍼진 남쪽 창가에 걸어두고
내 고향 시베리아행 기차표 예매
머릿속부터 빗어두자
머리털도 단장하자

누군가
이리 저리 잡아끌고
물을 뿌려가며 단장이 한창이다
아니야, 원죄가 까맣게 뚝뚝 끊어져 나가
원죄마저 하얗게 불살라버려야 해
예수의 사흘 동굴 속 부활처럼
갓난아기처럼
보드레한 이름으로 아름다워야 해

시베리아였는가 내 고향은
손 시려오고 무릎이 아려와도
원죄마저 머리 위로 황금빛 왕관이 된다

막차를 기다리며

기다려도
오지 않는다 막차는

혼자 나선
고집 센 길이건만

시 읊던
생솔 같은 고뇌 속
문우들 국수리에 남겨두고

기다려도
오지 않는다 막차는

무심한 유리창에
소리 없는 부슬비

총알 되어 튕겨 부숴진다
톱밥같은 그리움만 남겨두고

5부 머루알 연가

강소이 시인作 (일본 신원전 국제특별상 수상작) 유화

여우비

그녀가 당신 가슴을
훑고 간 자리
당신이 그녀 가슴을
지나간 자리
기억 속 의자만 나부끼는데

방 안을 살피는
귀여운 여우비처럼
조심스런 발자국
그녀 소식 쓸고 오네

그녀 가슴
찾던 발자국
또각또각
가던 길도 잊었는데

조심스런 여우비
방안을 살피네

방안 가득
이미 당신 가슴 여우비로 흠뻑인데

독주毒酒

지음知音의 이름으로 오신 그대여
당신이 진정 나의 지음이라는 걸 보여 주오
호숫가에 피어있는
아침 수선화처럼 맑은 사랑을
당신이 드린 거목 그림자
그림자마다 박힌 보석 알알을
당신은 왜 내게 주려하시나이까

지음의 이름으로 오신 그대여
당신 초대에 당혹스러울 틈도 없이
당신 향기에 취하고
당신 이미 내 안에 독주이더이다

지음의 이름으로 오신 그대여
신께서 내게 주신 얼음 같은 열정으로
당신을 보게 하소서
신께서 내게 주신 칼날 같은 순정으로
당신을 두르게 하소서
신께서 내게 예비하신 에덴의 땅
그곳으로 나를 보내주오

지음의 이름으로 오신 그대여
내 심장 속에 박힌 보석이여

국수리

– K를 그리워하며

국수리로 가는 길
모처럼 양평여행
가슴 가득
풍선

오이 고추 호박 심어진 텃밭
문우의 별장 너머
푸르른
벼논

소나무 숲도 모자라
저기 계곡물 소리
옆 별장마다
잔치를 보라

아니라고 말했지만
결국
양평까지 따라온 네 목소리
일을 말하고 있지만
국수리까지 묻어 온 목소리
느껴지는
戀

동행한 문우들 양평에 놓고
국수리에서 혼자 오는
자정 넘은 길
부슬비
역까지 따라 오더니
너의 아픔
슬픔
戀

국수리에서 오는 길
모처럼 양평여행
가슴 가득
戀

머루알 연가

집을 비운 날에도
당신은 매일 내 집에 들러
물을 주고 마당을 쓸고 갔다는 걸

다른 곳을 보고 있을 때에도
당신은 매일 내 곁에 머물러
긴 그림자 드리우며 서성였다는 걸

시어詩語 하나로 고뇌하는
바다가 그리운 강줄기에게
당신은 청산에 머루알인 것을

오래된 기다림

오래된 솔방울 염원은
당신을 만지는 거였어
당신이 드리운 나락의 끝자락이라도
만져보는 거였어

긴 겨울
터널 속 언 사랑처럼
하늘 향한 몸부림 한자락 있어
눈부신 외로운 걸음
차라리 평안이었어

마법처럼 당신은 일별一瞥로
오래 된 실끝 열망을
여기 실타래 풀기 시작이고
충혈 된 눈망울로
무장한 술병 속에서
어찌 알아 보았을까 어여쁜 칼날 가시를

억겁의 시간 속
깊은 수렁 속 보석을 집어 올리듯
원고지 행진을
반 생애 강줄기를
바다를 연모하던 강줄기 한 자락을

지음知音을 기다리며

이국 아가씨 초상이 걸려있네
마닐라 센티에고 리잘공원에는
독립 영웅 호세리잘의 이국 아가씨 호세이 세이꼬
영웅이 총살당하며 지은 시 속에도
세이꼬 사랑이 진주로 박혀 있네
몇 백 년이 지난 오늘날에도
세이꼬와 시 속에 세이꼬도 기념관에 두네

지구를 일곱 바퀴 반 돌아도 만나지 못한다는
지음知音을 기다리는 여인 있네
육사가 초인을 기다리는 마음이 이러했을까
신께서 여인 위해 예비해두신
지음이 온다고 하시기에

철통같이 심장을 지켜
깊은 산 속 진주 보석으로 책갈피 속에 자신을 가두고
솜털 같은 외로움마저 두르는 여인 있네
신께서 예비해두신
지음知音이 온다고 하시기에

여인 죽어 기념관 짓는다면
세이꼬 자리에 둘 지음知音
지음만을 기다리는 여인 있네
신께서 예비해두신
지음이 온다고 하시기에

* 호세리잘 : 필리핀의 독립영웅. 안과의사로 편히 살 수 있었지만, 조국독립을 위해 힘쓰다가 35세에 스페인군에게 총살당함.
* 호세이 세이꼬 : 호세리잘이 일본 유학에서 만난 여자 친구. 호세리잘이 총살당한 후 몇 백년이 지나 일본이 필리핀을 점령해 파괴와 학살을 일삼았지만, 필리핀은 일본인 세이꼬와 그 나라 독립 영웅의 사랑을 아름답게 기려 리잘기념관에 기념하고 있음

열차를 기다리며

열차를 기다리는
사람들
그들이 기다리는 것은
열차가 아니다

열차를 기다리는
사람들
바짝바짝 타는
뙤약볕 속에
타는 게
햇볕만이겠는가

보고 싶은
얼굴
얼굴과 얼굴
얼굴 골짜기가 타들어 가고 있다
기다리는 열차는 오지 않고

달빛연가

회색빛 돌덩이 마음
바닥을 긁어 대다
사진 속 눈빛
언제 오시려나
이국땅에서
내 시어 하나하나
다듬어 감꿀에 절여주오

파아란 달빛
하이얀 밤
당신 취한 눈이라도
내 시어를 마시어주오
남으로 남으로
흐르는 달빛마저
보쌈해 주오

사진 속 눈빛
달빛 속에 부서지니
차라리 얼어버릴망정
수선화 보다 맑은 달빛마저
감추어주오

깃털

당신이 부르는 소리
연못 속에 쌓이고 쌓여 소복히
들리지 않는 메아리 되었고

야속한 마음
허공에 벗어 부서져 버렸네

좌회전 교차로
마음 속 알갱이들 연못 속에

봄빛처럼 붉은 마음 한 조각
당신께 떨구고

두꺼운 당신 가슴에
비둘기 깃털로 남고 싶어
그렇게 깃털이고 싶어라

그리움

당신이 그리울 때면
빈 화분 안고 화원을 찾아갑니다
화초들 가득 심어
당신 삼아 물을 주고, 시든 잎을 떼어줍니다
화초 속에 당신이 있습니다

당신이 그리울 때면
등산 장비 없어도 산을 찾아갑니다
마음에 산을 가득 담아
산을 심어옵니다
봉우리들 속에도 당신이 있고
계곡물 속에도 당신이 있습니다

당신이 그리울 때면
보내지 않을 편지를 씁니다
아무말을 쓰지 않아도
하고 싶은 말을 다 담은 편지지는
밤에도 새벽에도 아침에도
마음 우체통 속에 당신과 함께 있습니다

당신이 그리울 때면
나 혼자 보는 일기를 씁니다
여인의 속살처럼 당신이 그립지 않다고…
조금도 당신이 그립지 않다고 작은 글씨로 씁니다

강화도 외포리

강화도 외포리에 꽂혀
어느 젓갈집 아낙네 솜씨로
식구들 입맛을 끼우는 여인
마음은 온통 바다뿐
마음은 온통 갈매기뿐

여객선에
젓갈도 싣고
갈매기 마음도 태우고

뱃전을 날며
석모도까지 따라오는 갈매기들
갈매기 따라오는 석모도

외포리 해안선 지키던
어여쁜 당신의 마음
갈매기 되어
외포리에서 석모도까지
아직도 날고 있느냐
언젠가 외포리 찾을 여인 속내 고갱이 알고

내가 갈매기 되어
어느 하늘이라도 찾아 날아야 하는 것을

네가 갈매기 되어
외포리 하늘을 아직도 날고 있느냐

네 하얀 날개 짓이 너무도 처연하여
물에서 하늘까지
뱃전을 하얗게 맴도는구나
여인 태운
뱃전을 하얗게 맴도는구나

하얗게 하얗게 맴도는구나

간극

살며시 살며시
조금씩 또 조금씩
너 앉을 자리 살펴주고
너 먹을거리 챙겨주고
화초 향초 가득 채워주고
알뜰살뜰 살뜰알뜰
예쁘도록 다소곳이
돌탑 정 쌓았지만
끌어당겨 뚝 떨어진 간극
갈 곳 찾지 못한 정
꽃잎 벌어 내리는구나
너의 빈 가슴에
가을 풀향기 가득 남겨두고

강화도 술병

바다가 없다 강화도에는
오래전 불었던 세찬 바람만 있을 뿐

강화도 해안선 지키던 어여쁜 당신 대신
끝내 여인은 다른 이의 겨울 신부가 되고
지키던 어여쁜 당신은
세찬 바람 속에 술병이 되고

바다가 없다 강화도에는
그들 사랑이 밀물과 썰물 되어
밀려오고 밀려 나가듯
지난날 추억만 출렁일 뿐
23년이 지난 후에야
갑곶돈대 찾은 여인은
던져 버렸던 언약
바다 속에서라도 찾고 싶다

바다가 없다 강화도에는
세찬 바람 속 밀물과 썰물만 있을 뿐

* 갑곶돈대 : 강화도 초입에 있는 돈대. 일본에게 문호를 개방하는 강화도조약(불평등조약)을 맺은 곳이다.

37km

37km만 달리면
어릴 적 끔직히 예뻐해 주셨던
할머니 산소 있다네
거리가 그리도 멀어
30년만에 찾았는가

어쩌면 단 3일도 잊지 못하고
늘 맘 속에 안개꽃으로 계셨을 할머니
늘 맘 속에 안개비로 젖어 계셨지

며칠 앓는 끝에
숨 거두시기 전
그토록 찾으셨다는데
도서관에서 시험 공부만
하던 얄미운 손녀

이제야 할머니 그리워
따뜻한 밥 짓고
고기 굽고
전 부치고
과일 준비하여
연거퍼 절을 올리건만
이미 흙이 되셨을 할머니

어떤 일이든 역성 들어주실
할머니 사랑은
언제나 내 삶의 아랫목이었지
언제나 내 삶의 나무그늘이었지

낙조 석모도

강화도 어디서나 지는 해 볼 수 있는데
외포리 석모도 지는 해 보는 까닭은
만날 수 있을 거 같아 23년 전 마음을

빨갛게 피어오르는 마음
지금도 걸어 놓은 거 같아

붉은 구슬 바다에 빨려들 때까지
떨리는 마음 추스르느라
긴 그림자 멀리 드리우고
들킬까 가만가만 숨바꼭질 같아

머물던 하늘 자리에도
바다 언저리에도
번져 나가는 거 같아
23년 전 마음이

그 위로 한 줄로 어디로
23년 전으로
하얀 기러기들 한 줄로 한 줄로
날아 날아가는데

한마디

나랑 같이 가요
그게 무슨 말인지를
이제야 알았습니다

나랑 같이 가요
이 한마디가
왜 이리 겨울잎 같을까요

나랑 같이 가요
그리운 건
그리운 게 아닙니다

나랑 같이 가요
그리고 없네요, 당신은
없네요, 당신 목소리도

나랑 같이 가요
당신 대신 시가 있고
달빛소리만 당신 없는 방에 들립니다

할머니 산소

이제야 찾았습니다 당신을
30년 전 헤어진 할머니

어릴 적 쌈짓돈 감춰두셨다
손에 쥐어 주시던
고구마 삶아 광에 감춰 두셨다
몰래 내게만 먹이셨던
어둑 어둑한 논길을
내 늦은 귀가 염려하시며
찾아 나서셨던
손에는 호미 들고
머리에는 수건 쓰고 계셨지요
밭에서 김매다 걱정되어
차부까지 오신다며

당신 그리워
사무치도록 정이 그리워
할머니 산소를 찾았습니다
하얀 국화, 노란 국화 한 아름 안고
목 놓아
사무치는 그리움 달래고 달래며
뒤돌아서도
몇 번을 돌아보고 또 돌아보고

아무리 눈물을 흘려도
주셨던 사랑은 갚을 길 없고
먼 산 겨울새들만
소리 없이 울고 있습니다

성묘

설날 아침
유난히 뿌연 하늘
청동백서 음식 챙겨
뿌리 찾아가는 발걸음들

산소에 닿기 전
꽃다발도 챙기자
비닐 꽃집에 들어서니
두 눈에
뜨거운 산이 흐르고

두툼한 하얀 이불 덮고 계신
묘소 앞마다 별처럼 내린 꽃천지

사람 사는 마을
집집마다 그 앞에 꽃다발 없어도
묘소마다 그 앞을 지키는 꽃천지

이미 썩어 흙이 되었을
무상無常 앞에 바쳐진
남은 자들의 기원祈願

남은 자들의 마음이
꽃처럼 꽃처럼 하늘에 올라
유난히 뿌연 하늘에
알록달록 꽃물이 들고

겨울바람 공원묘지에는
꽃잔치가 한창

모교 앞을 지나며

멀지 않은 곳에
자랑스런 내 모교 있다네
날마다 그 앞을 지나도
23년 전 친구들 모습 찾을 길 없네
가냘프고 어설펐던 내 모습도 찾을 길 없네

학교 앞 은행나무에서
내리던 노란 비
오늘도 똑같이 내리고
볼을 스치던 황량한 바람
오늘도 똑같이 볼을 스치는데
친구들 모습은 찾을 길 없네
그 시절 가냘프고 어설펐던
내 모습도 찾을 길 없네

친구들과 함께 했던 찻집만
그 자리를 그대로 지키고 있을 뿐
그 찻집에서
내 딸이 나를 대신해 친구들과
그 시절과 똑같은
이야기 나누고 있겠지

내 친구들은
노란 비 내리는 이 길을
내 마음 사진첩 속에서
나와 함께 거닐고 있다네
가냘프고 어설펐던 나와
오늘도 거닐고 있다네

혼자 사랑하기

당신을 살뜰히 보살피고
돌아오는 길
새벽거리는 유난히
아름다왔습니다

지나는 차도
몇 안 되는
깊은 새벽 길

당신 향한 내 손길의
흔적이
당신 품에 바람개비 되는
쓸쓸한 이 시간

집착을 씻고
욕심을 벗고
나를 내려 놓으라는
옛 성현의 말씀이
내 안에
금강석 됩니다

저 멀리
새벽 길 위에
새벽 종소리
하얗게 하얗게 부서질 때
이제야말로
내 마음 차에서
어여쁜 당신 대신
나를 내려 놓습니다

한중문학 · 문화예술상 수상작

별 속의 별
A Star within the Star
星の中に星

군자
True Gentleman Kun-Ja
君子

의사義士 윤봉길
Patriot Yoon Bong-gil
義士 尹奉吉

수심대
Su-shim-dae
水心臺

남한산성
Nam-han-san-seong Castle
南漢山城

별 속의 별

A Star within the Star

사랑하는 마음만큼
아픔도 깊어
아린 가슴
투정 부리듯
다가가고 싶은 마음만큼
뒷걸음입니다

The heart devoting so profound love
It gets deeper the pain
It makes feel painful heart
As if it is like importuning
As much as wishes to get near
Moves backward

집착은
괴로움의 시작임을
알기에

An excessive attachment
It is the beginning of suffering and
Becomes to aware of it

저만치 뚝 떨어져
당신을 보니
당신도
저만치 서서
별을 보고 있습니다

At such a distance
If I look at you then
You also
At such a distance
Are staring the star

별 속에 별이 있습니다

There is a star within the star

星の中に星

愛の心に ほだされて
痛みも深く
つらい胸
せびられて
近付いて行きたい 思い合う心のほど
後じさりします

執着は
悩みの始まりであると
思い知る事なので

ずっと隔てて あちらで
あなたを 見たら
あなたも
それぐらい 隔てて
星を 眺めています

星の中に 星があります

군자

그 많은 화초들 중에
너만 빼놓고
물도 제대로 주지 않았는데
다 시든 줄 알고.
네가 다시 꽃을 피워 주었구나
꽃없는 내 화단에

그 많은 친구 중에
너만 소홀히 하여
편지 한장, 전화 한 번 않았는데
나 잊은 줄 알고
네가 다시 날 찾아와 주었구나
외로움을 앓고 있는 이 계절에

준만큼 받으려 하고
준 것보다 더 많이 받으려 하는
우리네 심사보다
꽃이 더 군자君子답구나
친구가 더 꽃답구나

누구에게나 햇살 내리는 하늘에
꽃이여 당신은 하늘의 축복이어라
누구에게나 비를 내리는 하늘에
친구여 당신은 하늘의 은총이어라

* 군자君子 ; 덕과 학식이 높은 사람. 또는 덕이 높고 인품이 훌륭한 사람. '성품이 어질고 학식이 높은 지성인'을 일컫는 말로 학행일치學行一致를 실천하는 사람. 이기적인 소인배의 반대 개념

True Gentleman Kun-Ja

Among the so great number of flowers
Only you were excluded and
Watering was disregarded and so
You were seemed to be withered, whereas
You are blooming again
In my flower bed having no flowers

Among the so great number of friends
It was made light of you and
Not a letter or phone call was forwarded to you and
Though I had thought you forgot me, whereas
You have visited me again
In this season suffering the loneliness

Wishes to receive the return as much as given
Expects to receive the return more than given favor
It must be the our evil-mindedness, therefore
Flowers are seemed to be more worthy of true gentleman and
Friends are appeared to be more becoming to flowers

The sky from where sun shines on everyone
Flowers! Wish you to be the blessing of the sky
The sky from where rain falls on everybody
Friends! Wish you to be the grace of the sky

* True gentleman (Kun-Ja): The person of lofty virtue and scholarship. Or the person of a high virtue and of a noble character, in another word, "a person of intelligence as well as generous character and lofty scholarship" and it means the contra-concept of the insignificant.

君子

その多くの 花卉の中で
君だけが 締め出され
水やりも なおざりにしていたし
すべて 萎れてしまったと思っていたのに
君が再び 花を咲かせてくれたのね
花のない 私の花壇に

その多くの 友の中で
君だけを なおざりにし
手紙一通´電話一本も 口にしなかったし
私を 忘れてしまったと思っていたのに
君が再び 私を尋ねて來てくれたのね
寂しさを煩っている 此の季節に

施したぐらい 貰おうと思い
施したのよりも もっと多く貰おうとする
我等の こころざしのわるさにくらべ
花が 遙かに君子にふさわしいし

友が 遙かに花らしいね
誰にでも 日差しをさしおろす 空に
花よ あなたは 空の祝福であれ
誰にでも 雨をふらす 空に
友よ あなたは 空の恩寵であれ

* 君子: 徳と學識が 氣高い人°又は 徳が高邁であるとともに人柄が立派な人′ 即ち “寬大で いつくしみがある品性で 學識が氣高い知性的な人”をさして言う言葉で　利己的な小人物達のz反對概念°

의사義士 윤봉길

의사義士가 태어나신
광현당에 따가운 8월 햇살 꽂히고
도중도島中島라 일본 순사 피해
야학하던 툇마루에 앉았더니

무궁화 울타리 두른 미루나무
매미 소리 뜨겁구나
선생 가르치는 글 따라 읽고 있는가
저 매미 소리들은

연못 속 하얀 연꽃에 선생 넋 서려난 듯
25년 그리도 긴 생애 불태운 매헌梅軒

선생이 남긴 지갑은 지폐 한 장과 동전 9개뿐
상해 임시정부 찾아갈 노잣돈 위해
채소, 밀가루 장수도 마다하지 않았던가

중국 홍커우 공원에
일본 천황 생일 축하하려 물통 던진
그 붉은 무궁화로
총살당할 줄 몰랐겠는가

금쪽 자식들과 청상靑裳 아내보다
나라가 우선이었나 보오, 당신은
제 밥그릇 꾹꾹 눌러 담은 가방 속에서
무궁화 내던져 으깨버리는 우리네
소인배 시뻘건 눈

저만큼 돌아 돌아서 온 나는
충의사忠義祠 당신 사당 앞에
허리 꺾어 무궁화 마음 올리고 싶소

* 광현당 : 매헌 윤봉길尹奉吉 (1908년 6월 21일 ~ 1932년 12월 19일)의사義士가 태어난 곳. 사방에 개울이 흘러 섬 속에 섬이라 도중도島中島라고도 불렸음. 선생은 한국의 독립 운동가이며 교육자 · 시인이다. 충청남도 예산에서 태어나 오치의숙에서 교육을 받고 부흥원, 월진회, 한인공우회를 조직해 야학 및 애국운동과 독립운동을 벌이다 중국으로 망명. 한인애국단에 가입하여 김구 선생과 협의, 1936년 4월 29일 상해에 주둔한 일본군이 천황의 생일을 축하하는 자리에서 폭탄을 터뜨리고 일본으로 연행되어 총살됨.

Patriot Yoon Bong-gil

The patriot was born at Kwang-hyun-dang residence and
August growing sunlight is shining there
Now I am sitting on the floor of Do-jung-do house where
Night school was conducted averting from Japanese policeman's eyes

Inside of the fence planted with Mu-gung-hwa there is a poplar tree and
Cicadas are singing loudly and incessantly
Are those cicadas
Reading the letters taught by the patriot?

It appears patriot's soul had imbued into white lotus flower in the pond
And Mae-heon had dedicated his career for over 25 long years
In the wallet he had left there were only one bank note and nine coins
To earn the money required for going to China
He had done whatever he could do including vegetables and floor selling

At the Hongkuo Park in China
To celebrate the birthday of Japanese Emperor he had thrown a bomb
With such a patriotic soul
Didn't know it he would be shot?

You had lovely and precious children and youthful wife, but
You had preferred the country

How is the person being haughty himself only?
How is our mindlessness throwing the soul easily away?
How is the greedy-eyes of the small-minded person?

Upon visiting overall places
In front of your Chung-ui-sa shrine
I would like to burn the incense along with presenting you with a Mu-gung-hwa flower

義士 尹奉吉

義士 生まれた
光顯堂には 8月の暑い日差しが 差し込み
島中島で 日本人巡査を避けて
夜學をしていた ゆかに座ってみたら

無窮花 垣根の内には ポプラの木
せみしぐれ 盛んで
先生の教えに従って讀んでいるのか
あの蟬たち

先生の魂 池の中 白い蓮華に宿っているようで
梅軒が燃え盡くした 短くない25年の生涯

先生 殘した財布には 紙幣1枚と銅貨がここのつだけ
中國に行くための 旅費の稼ぎに
八百屋でも小麥粉屋でも ことわらなかったじゃないか

中國 紅口公園で
日本の天皇誕生日 祝いに みず罐を投げつけた
そのような 赤い精神なので
銃殺される筈 それ知らなかったのか

金玉のような子供たちよりも とし若い妻よりも
國が優先でありましたね あなたは
おのずから 自分自身だけを 威張る者
靈魂でも なげ捨てられる 私たち
小人物達の ちまなこになった瞳

あちこち回りまわって戻って來た 私は
忠義祠 あなたの祠堂の前に
香を焚いて 無窮花いちりん捧げたく思います

수심대水心臺

수심대 가는 길 멀고도 길어
그제는 거친 빗줄기 속
오늘은 가랑비 속

한 지인 이르는 대로 찾아가니
굳게 빗장 걸어 놓은 금산 표충사

둘레 흐르던 시냇물 청아한 경치는 어디가고
옆으로 넓게 퍼진 바위, 수심대水心臺
소나무 몇 그루만 석양 속에 외롭구나

저만치 정자 위에 동네 아낙네들
한가로이 무심한 정담만 흐르고

* 수심대 : 충남 금산군 곡남리 마을의 조헌 선생 사당 윗 쪽에 자리하고 있는 바위로, 바위가 있는 이 마을은 임진왜란 당시 금산 지역에서 칠백의병을 이끌고 수많은 왜적을 무찌른 중봉 조헌 선생(1544~1592)이 한 때 머물렀던 곳이라 한다.

Su-shim-dae

It is a long way to go to Su-shim-dae
On yesterday it was heavy raining and
Today it is drizzling rain

When I have arrived there as explained by a friend
The gate of Gumsan Pyo-chung-sa temple was crossbared tightly

The brooklet running around and elegant scenery are all disappeared
There is the flat and wide rock, that is, Su-shim-dae
Several number of pine trees are look lonely in the late afternoon

At an arbor there gathered the village housewives
Their idle gossips are going on leisurely

* Su-shim-dae: It is the rock lying a little apart from Mr. Jo Heon's shrine located in village of Goknam-ri, Gumsan-gun, Chungchong-namdo. At the time when Japanese Toyotomi Hideyoshi's army had invaded Korea in 1592, the Jung-bong Mr Jo Heon (1544-1592) leading 700 righteous army had destroyed the large number of foreign invaders at Gumsan area, and it is said that Mr. Jo Heon had stayed for a while at that village where lying above-mentioned rock.

水心臺

水心臺への 道のりは はるかに遠く
昨日は 荒い雨降りの中
今日は 小雨降りの中

知り合いの 教えのとうり 尋ねて行ったら
かんぬき しっかり締めてある 錦山 表忠寺

周圍に流れる おがわ 淸らかな景色は どこに去り
廣く 横たわっている巖, 水心臺
幾株の 松の木だけが 心寂しい夕ぐれ

あちらの あずまやには 村のおなご衆
もの靜かに 交わしている 無心な せけんばなし

* 水心臺: 忠淸南道 錦山郡 谷南里の村にある 趙憲先生の祠堂の上の方に 座を占めている 巖' 此の巖がある村は 西紀1592年 日本豊臣秀吉が起した 倭寇亂の當時 錦山地域にて 重峰 趙憲(1544−1592) 先生が 700名の義兵を率いて 數多くの倭寇を擊滅した所であり, 先生が ひととき留まった所でもあると謂れています°

남한산성

남한산성 즐비한 능선 위에
희끗희끗 진눈깨비
화살바람 매몰차게
몇 백 년 전을 휘감아 도는 듯하구나

청나라 말발굽 피해
남한산성에 몸 숨기셨던
인조 임금이여
남한산성 즐비한 능선 위에
왕의 설움
희끗희끗 진눈깨비처럼 꽂히고

삼전도 굴욕 앞 둔
인조 임금 날선 아픔처럼
그때도
이곳 남한산성에 휘날렸으리라

역사의 강물 스쳐간
남한산성 기슭에는
음식점 간판들만
왕관처럼 금빛으로 찬란하고
나그네 동동주 한잔에
삶의 시름 덜어 내어도

인조 임금의 타들어간 아픔을
기억하는 이 누구인가

왕이 되어 가시밭 찔레 속
비운의 통한이여

남한산성 능선 위에
희끗희끗 진눈깨비만 휘날리고

* 인조(1595~1649) ; 조선 16대왕. 광해군의 중립정책을 지양하고 반금친명정책反金親明政策을 써서 병자호란의 원인이 되었고 청나라 황제에게 무릎을 꿇는 삼전도의 굴욕을 겪음

Nam-han-san-seong Castle

Nam-han-san-seong Castle above the undulated ridge line
White sleet is falling lightly
It is severely piercing cold and
It seems to surround the scene that occurred many hundred years ago

To escape the invader of the China Ching Dynasty
Took refuge in Nam-han-san-seong Castle
Your majesty In-jo!
Nam-han-san-seong Castle above the undulated ridge line
The sorrowfulness of the king
Probably it was scattering as if white sleet is falling

Being humiliated in front of Sam-jeon-do platform
The acute painfulness of the king In-jo
At those time also
Was deemed to be fluttering at this Nam-han-san-seong Castle

After the historical time and tide have been passed
At the foot of Nam-han-san-seong Castle
The signboards lined up along the restaurants
Are shining in golden color like crown
If a stranger take a cup of rice wine

It would be possible to relieve his worry of living, whereas
As to the burnt down pain of the king In-jo
Who will be the person capable of remembering such pain

Life of the king walking through the thorn bush
It was the greatest grief of the misfortune

Nam-han-san-seong Castle above the ridge line
Only whitish sleet are falling thick and fast

南漢山城

南漢山城 うねりくねりの稜線の上
しらじらとした みぞれ
酷寒の風 激しさ
數百年前の出來事 巻き包むように思われる

清國の 馬蹄を逃れて
南漢山城に 身を隠した
仁祖王様よ
南漢山城 うねりくねった稜線の上
王様の 悲しみ
しらじらと降る みぞれの如く吹きなびき

三田渡の屈辱を 前にした
仁祖王様 辛い痛みは
その當時も
此處 南漢山城で なびかせていただろう

歴史の流れが すれ合いさった
南漢山城 麓には
飲食店の看板だけが
王冠のように 金色にひかり
見知らぬもは どぶざけ 一杯で

人生の悩み 少しは取り除けられるけれど
仁祖王様の 焼け焦げた痛みを
記憶する者 誰だろうか

王様になって とげが生え茂ったやぶの中
悲運の 痛恨よ

南漢山城 稜線の上には
しらじらと降る みぞれだけが 吹きまくる

시인의 여적 · 평론

강소이 시인作 (일본 신원전 국제특별상 수상작)

맹인盲人

지난 해 봄 학기와 가을 학기, 모교의 평생교육원에서 5개의 강의를 들었다.

다행히 모교가 집에서 10분 거리였기에 쉽게 다닐 수 있었다.
매일 매일 반복되는 일상에 변화를 주고 싶은 마음도 있었고, 학교를 졸업하고 23년이 지나고 보니 뭔가 뒤쳐지는 느낌에 재충전을 위해 나섰던 길이다.
퇴근 후에 강의를 듣고 사람들과 어울리는 시간은 참 행복한 시간이었다.
학창시절로 되돌아간 느낌, 행복 그 자체였다.
특히, 감사한 것은 논술지도자 과정에서 어느 교수의 한 마디가 내 생활의 방향을 돌려 놓은 일이다.

"TV를 끊어 보십시오. 많은 것들을 얻게 될 것입니다. 그 시간들을 독서로 메워 보십시오. 독서 릴레이를 실천해 보십시오. 책 한 권을 읽고 나면 그 다음 읽을 책이 보일 것입니다. 손에서 책을 놓지 않고 읽다 보면 엄청난 것들을 얻게 될 것입니다."

평소에 어떤 때는 TV를 켜놓고 멍하니 보고 있을 때가 있었다. 채널을 바꿔가며 아무 생각 없이 시간을 죽이듯이 그렇게 말이다. 출근하지 않는 휴일에는 거의 그렇게 보냈던 거 같다.

'국문학을 전공했고, 국어선생이라는 사람이 일 년에 책 몇 권 읽지 않고 지나가다니…'

이런 반성도 있었던 터라, 그 교수의 조언을 따르기로 결심을 하고 먼저 TV선을 끊어 버렸다. 아들애가 고3이라는 핑계를 대며 가족들의 만류를 잠재우는 것은 어려운 일이 아니었다.

강의와 관련있는 책부터 구해서 읽기 시작했고, 책을 손에서 놓지 않게 되었다.

마치 책에 빨려 들어가기라도 하듯이…

읽고 싶은 책, 읽어야 하는 책을 몇 권씩 주문해서 쌓아놓고 읽어 내려갔다.

몰두해서 읽으면 하루 이틀이면 책 한 권을 다 읽어내었고, 일주일에 3~4권을 읽는 것이 어렵지 않았다.

책을 읽으며 내 공허함이 해결되는 거 같았고, 뭔가 충만된 것으로 채워지는 거 같았다.

내 내면에서 해결되지 못하고 꿈틀거리고 있는 것들도 해결 받는 느낌도 들었다.

〈독서치료〉라는 인터넷 강의를 들어 둔 것도 독서에 큰 도움을 주었다. 내면의 치유가 일어나는 것 같았기 때문이다.

어찌 보면 지난 1년은 그렇게 배움의 갈증을 채우는 데 내 시간을 모두 투자했는지도 모른다.

생각해 보니, 지난 1년 동안 110여권이 넘는 책을 읽은 거 같다.

엄청난 양의 책이다. 그런데도 뭔가 부족한 느낌이다.

만족스럽지가 않다. 공허함의 목마름이 10권을 더 읽으면 채워질 수 있을까?
그렇다면 내년에는 120권에 도전해 볼 일이다.
내년 이맘 때 "올 해도 참 잘 보냈어." 라고 말할 수 있게 말이다.

어제와 그제 이틀 동안 몇 백년 전, 조선의 정조 임금과 데이트를 한 기분이 든다.
이틀 동안 정조 임금에 대한 책을 읽으며 그 분의 아픔을 읽었고 그분의 정치 철학을 읽었고 그분의 효를 읽었고 그분의 세계관을 읽을 수 있었다.
사도세자와 영조, 정순왕후와 정조의 대결, 노론과 소론의 암투….
내 부족한 지식과 인지의 세계는 이렇게 채워져 나가지리라.

'정조 읽는 CEO'라는 책에서 "맹인은 깜깜한 밤에도 시를 읽는다."라는 구절이 마음을 울렸다.
어쩌면, 우리들은 눈을 뜨고 이 세상의 모든 사물을 보고 있지만, 눈을 감고 사는 맹인인지도 모른다는 데 생각이 미쳤다.
아무것도 보지 못하고 그냥 세상을 부여잡고 둥둥 떠다니고 있는지도 모른다.
내 눈에 들어오는 많은 사물들과 글자들은 그저 하나의 점에 불과한 것.
내 마음으로 만지고 내 마음으로 느끼고 내 마음으로 세상을 본다면, 얼마나 풍요로와지겠는가?
맹인들은 앞이 보이지 않아 마음으로 세상을 읽기 때문에, 깜깜한 밤에도 시를 읽을 수 있다고 한다.

한편의 시는 시인의 마음으로 읽어낸 세상이기 때문이 아닐까?
밝은 마음의 눈 – 맹인의 눈으로 이 세상을 보아야하는 것은 아닐까?

어쩌면 필자가 올해 읽어낸 110여권의 책들은 하얀 종이 위에 까만 점들이었을지도 모른다.
마음으로 책을 읽지 않았다면, 마음으로 세상을 읽지 않았다면, 책 속의 진실도 세상의 아름다움도 보지 못한 맹인이었을지도 모른다.
그래서 아직도 마음이 답답하고 만족스럽지 않은 것인지도 모른다.

마음의 눈으로 상대를 보고, 세상을 보고 책을 본다면 소통되지 않을 것이 그 무엇이겠는가?
어쩌면 이 세상과 소통하고 싶은 간절한 마음으로 책을 읽는 것은 아닐까?
옛 성현들과도 소통하고 싶어서 책을 읽는 것이 아닐까?

밤새 눈이 온 모양이다. 하얗게 세상이 덮였고 우리 집 앞산 앙상한 겨울 나무에도 눈이 쌓여있다. 이 겨울이 지나 새순 돋는 봄이 오는 것을 알고 있기에 우리는 겨울을 인내할 수 있으리라. 저 앙상한 가지들도 자신의 옷이 다 벗겨진 겨울 나무의 치욕을 견딜 수 있으리라.

어서 어서 봄이 와서 새순 돋고 풍성한 잎으로 덮이는 사랑 잔치가 저 나무에게 열리길 기원하는 마음 간절하다.
오해와 앙금으로 토라진 친구에게서 진정으로 화해하고 싶다는 연락이 내게도 오길 바라는 마음 간절하다. 아니, 내가 먼저 연락을 보내기로 마음을 잡는다.

소통이 아쉬운 계절이다. 마음의 눈 - 맹인의 눈으로 세상을 보는 자세가 아쉬운 계절이다.
110여권의 책을 읽었지만, 한 사람 친구와 소통하지 못한다면 진정으로 나는 맹인인지도 모른다.

2011년 1월, 눈 내리는 한 날
姜昭耳

♣평 론♣

시인의식에 대한 의미론적 고찰

- 강소이 시집 「별의 계단」을 中心으로 -

金 仙 (문학평론가, IAE University 명예총장)

시인은 왜 시를 쓰는가? 만약 시인에게 이러한 질문을 한다면 시인들은 어떤 대답을 할까. 알피니스트에게 왜 산에 오르는가 묻자 "산이 거기에 있기에 오른다"는 선문답禪門答같은 말을 했던 등산가도 있다. 시인의 경우에 환질시켜 보자면 아리스토틀(Aristotle)은 "시는 인류에게 유익하고 신성한 것"이라고 정의한 바 있다.
셀리(Shelley)는 "시인은 하느님과 같은 창조자이며 시인을 통해서 인간은 하느님의 존재를 느낄 수 있다"고 하였다. 그리고 "시는 가장 훌륭하고 가장 행복한 사람이 느끼는 가장 귀하고 가장 행복한 순간을 기록한 것"(Poetry is the record of the best and happiest moments of the happiest and best minds)이며, "시인이야말로 무관의 입법자로서 만인을 다스리는 것"이라고 했다.

각자의 견해에 따라서 시와 시인에 대한 견해나 그 관점과 개념은 다를 수 있다. 그러나 시인의 경우 인류에게 보편적으로 정서함양 및 정신적 승화에 도움을 주기에 그 존재 가치가 필요한 것이라고 하겠다.

그러한 관점에서 생면부지의 강소이 시인의 작품 논평을 의뢰받고 덤덤한 심사로 원고를 훑어보다가 장래성 있는 시인이란 가능성을 보고 기꺼이 작품에 대해 필자 나름대로의 논평 의욕을 느끼게 된 소이所以를 서두에서 미리 밝혀둔다. 강소이 시인의 작품을 통독한 후 필자는 시집에 나타난 그 특성과 양상樣狀을 역사의식, 휴머니즘, 비판정신, 인간끼리의 정과 사랑, 시인의식과 이상향에 대해 간략히 그 의미론을 고찰考察하면서 논급하려는 것이 본문의 취지이다.

출근 길 급히 달리는 6차선 도로 위
고양이 한마리
연분홍 허연색 창자 예쁘게 도로 위에 전시되고
아직도 꺼지지 않은 마지막 숨결인지 다리를 파드득 떨고
아마도 급한 바퀴가 밟고 간 모양이다

퇴근 길 지쳐 달리는 6차선 도로 위
비둘기 한마리
진회색 희끗한 날개 납작하게 도로 위에 전시되고
이미 꺼져 버린 마지막 숨결은 소리도 내지 못한 채
아마도 지친 바퀴가 육중하게 밟고 간 모양이다

먹이 찾아 6차선 도로에 나왔을까

떠나간 짝을 찾아 여섯번째 도로에 나왔을까
비정한 도로에
너희들을 변호해 줄 이 하나 없고
너희들을 슬퍼해 줄 이 하나 없는데
밟고 간 바퀴도 미안해 하지 않는 것을
문명 속에 밟혀가는 가여운 넋이여

「바퀴가 밟고 1」 全文

인생 길 신나게 달리는 6차선 도로 위
이 땅의 딸들
시커멓게 타들어간 상심의 심장이 도로 뒤에 놓인 듯
딸로 태어난 죄로 차별도 무시도 견디라고
딸을 낳은 또 다른 딸의 외디프스컴프렉스
바퀴가 밟고 간 모양이다
오랫 동안 내려온
차별의 바퀴가 밟고 간 모양이다

남녀가 평등하다는 오늘 날에도
소리 한번 내지 못하고
이 땅의 딸들이 힘없이 주저 앉아버린다
인간이기 보다는
예쁘게 치장한 꽃이어야 한다고
딸들의 기본권은 육중한 바퀴 밑으로 들어가도
너희들을 변호해 줄 이 하나 없고
너희들을 슬퍼해 줄 이 하나 없구나
밟고 간 바퀴도 미안해 하지 않는 것을
편견 속에 밟혀가는 딸들의 넋이여

* 외디프스컴플렉스 : 프로이드의 정신분석학설 중 무의식의 일종. 여성이 남근을 선망하면서 같은 여성을 경시하며 남성우월주의에 빠져있다는 왜곡된 심리상태를 말함

「바퀴가 밟고 2」 全文

"물질문명은 토끼걸음, 정신문명은 거북이걸음"이라고 지적했던 문명비평가 O.슈펭글러를 비롯하여, 아놀드 토인비, 갈브레이드 등 세계적인 석학들이 물질문명에 지나치게 편중된 그 부정적 요소에 대해 우려한 바 있다.

예시한 두 편의 작품에서는 지나친 물질문명의 이기, 그 와중에서 역기능적인 측면에서 「달리는 흉기」에 생명을 타의他意에 의해 유린당하는 그 잔혹한 현실을 고발하는 내용을 담고 있다.

「출근 길 급히 달리는 6차선 도로 위 / 고양이 한 마리 / 허연색 연분홍 창자 도로 위에 예쁘게 전시되고」 인용한 구절 중에 '예쁘게' 라는 전혀 엉뚱하게 느껴지는 그 역설적 단어구사를 통해 섬뜩한 전율감을 자아낸 데서 시인의식의 심리전달이 극대화 되어 묘파된다. '예쁘게' 라는 그 어휘를 '슬프게' 로 표현했다면 오히려 의식전달 면에서 그 호소력이 역효과로 나타났을 것이다.

2연에서 「비둘기 한 마리 진회색 희끗한 날개 납작하게 도로 위에 전시 되」는 데서 고양이에 이은 비둘기의 잔혹한 죽음을 통하여 시인은 물질문명의 비정하고 냉혹함에 대한 분노, 고발성을 묘파한다. 김광섭 시인의 작품 「성북동 비둘기」나, 김춘수 시인의 「부다페스트에서의 소녀의 죽음」에서 느껴지는 동질의식을 유추할 수 있다.

작품「2」에서는 아직도 잔존하는 남존여비 의식에 대한 관습을 통렬하게 비판하는 요소가 서려난다. 시인은 작품「1」에서는 고양이

와 비둘기라는 두 대상을 통하여 셋팅을 삼고 작품적 무대배경에 성공하고 있다. 작품「2」에서는 가학 대상과 핍박을 당하는 부정적 요소에 대해 터치하고 있다. 찰리 채플린이라는 저 유명한 희극배우, 그의 연기를 대하면 한바탕 웃은 후에 오히려 눈물을 자아내는 요소가 있다고 혹자들은 평한다. 심리학자 프로이드 뿐 만 아니라 아들러, 칼 융, 에리히 프롬 등 최고의 권위자들이「외디프스컴플렉스」에 대해 분석적 논조로 역설한 바 있다.

「25시」의 작가이자 신부이던 게오르규는 '토끼와 잠수함'의 비유를 통해 "시인이 괴로워하는 사회는 병든 사회"라고 규정한 바 있다. 예시한 작품을 통하여 어떤 성찰省察의 계기로 삼을 필요가 있다. 세태의 비정함과 잔혹성, 부조리에 대한 비판적 요소를 담은 작품이다.

창공을 훨훨 날고 싶은 새
창공을 높이 날고 싶은 새
하늘은 쳐다보지도 말라 하네

너른 바다 헤엄치고 싶은 고래처럼
너른 바다 포유하고 싶은 고래처럼
외롭고 고달픈 몸부림

새장 속
그물 속

힘차게 치고 나가자
힘차게 차고 나가자

커다랗게 물보라 일으키며
고요한 거친 몸부림

「그물」 全文

「창공을 훨훨 날고 싶은 새 / 창공을 높이 날고 싶은 새 / 하늘은 쳐다보지도 말라 하네」 이러한 구절에서도 시인은 자신의 의사와는 다르게 강요된 구속의 공간에서 풀려나 무한히 날개짓 하고픈 간절한 염원을 노래한다. 구속과 감금, 거기에서 해방되어 마음껏 자신의 이상향을 향하여 비상하고픈 절실함이 서려난다. 리챠드 버크의 「갈매기의 꿈」에 나오는 조나단, 높이 나는 새가 멀리 본다는 그러한 희망사항이 타의에 의해 유린되고 억압받는 좌절감을 나타낸다.

「너른 바다 헤엄치고 싶은 고래」처럼 살고자하나 현실적 상황과 제약 속에 감금당하고 있기에 「새장 속 / 그물 속」이라고 규정하면서 그러한 가운데서도 이렇게 강력하게 현실의 벽을 뚫고 나가려는 의지를 보여준다.

「힘차게 치고 나가자 / 힘차게 차고 나가자 / 커다랗게 물보라 일으키며」

인용한 시구들을 대하면서 노르웨이의 작가가 쓴 입센의 「인형의 집」에 나오는 노라, 모파상의 「진주목걸이」를 연상시키는 동질의식을 유추할 수 있다.

저 암울했던 식민지 치하의 지식인 이상李箱이 그의 「詩 第1號」에서 상충적 요소에서 파생되는 영혼의 내출혈內出血, 〈막다른 골목〉-〈뚫린 골목〉 〈무서운 아해〉-〈무서워하는 아해〉 대립적 양상,

감금과 구속 풀려남과 자유, 〈길과 벽〉에 관한 야누스적 갈등 구조를 보여주었던 면을 연상시키는 바 있다.

조선조 최고의 천재 여류시인으로 평가 받는 허난설헌, 폐쇄된 조선의 봉건적 관습에서 살았던 그는 1589년 3월 19일, 27세의 나이로 생을 마감하였다. 그는 평소에 이렇게 세 가지 한을 토로했다고 한다. 첫째, 봉건적인 유교사상에 찌든 좁은 나라에 태어난 것. 둘째, 왜 하필이면 여자로 태어났는가. 셋째, 이해심 부족한 남편과 시댁과의 갈등이었다.

작품 「그물」과 그 의미론을 대비시켜 본 것이다.

그 많은 화초들 중에
너만 빼놓고
물도 제대로 주지 않았는데
다 시든 줄 알고.
네가 다시 꽃을 피워 주었구나
꽃없는 내 화단에

그 많은 친구 중에
너만 소홀히 하여
편지 한 장, 전화 한 번 않았는데
나 잊은 줄 알고.
네가 다시, 날 찾아와 주었구나
외로움을 앓고 있는 이 계절에

준만큼 받으려 하고
준 것보다 더 많이 받으려 하는
우리네 심사보다

꽃이 더 군자君子답구나
친구가 더 꽃답구나

누구에게나 햇살 내리는 하늘에
꽃이여 당신은 하늘의 축복이어라
누구에게나 비를 내리는 하늘에
친구여 당신은 하늘의 은총이어라

* 군자君子 : 덕과 학식이 높은 사람. 또는 덕이 높고 인품이 훌륭한 사람. '성품이 어질고 학식이 높은 지성인'을 일컫는 말로 이기적인 소인배의 반대 개념.

「군자君子」 全文

「군자」라는 제목의 작품을 언급하자면 먼저 군자에 대한 개념에 대해 간략한 고찰이 필요할 것으로 사료된다. 최고의 일성一聲이라는 유교의 창시자 공자의 가르침이 담긴 논어에서는 첫머리를 군자론君子論에서 시작하여 군자론君子論으로 끝맺고 있다. 논어의 첫 자는 배울 학學에서 시작하여 알 지知로 끝난다. 배움과 인격수양과 인간답게 살아야 할 그 규범에 대해 구체적으로 제시하고 있다. 논어는 공자의 어록語錄으로서 그의 사상을 집대성한 유교의 경전이다. 그가 가르친 내용의 군자는 완전에 가까운 인격자로 볼 수 있다.
시인은 오늘날 자신의 군자라는 단어로서 이렇게 자신의 군자상을 제시한다.
공자의 가르침에 의하면 학덕과 인격도야, 고결한 성품을 갖춘 인물로 규정할 수 있다. 그래서 세속의 사람들은 매梅, 난蘭, 국菊,

죽竹을 사군자四君子라고 일컫는데 그 의미에 합당한 인물을 군자라고 일컬을 수 있을 것이다.
「준만큼 받으려 하고 / 준 것보다 더 많이 받으려 하는 / 우리네 심사보다 / 꽃이 더 군자君子답구나 / 친구가 더 꽃답구나」「꽃이여 당신은 하늘의 축복이어라 / 누구에게나 비를 내리는 하늘에 / 친구여 당신은 하늘의 은총」이라고 노래하는 데서 시인의 군자상君子像에 대한 인상을 유추할 수 있다.
좋은 만남, 좋은 우정, 바람직한 인간관계 좋은 대상과의 영적인 교감, 이러한 합성적 의미를 강소이 시인의 작품에서 유추할 수 있을 것이다.

어머니,
북한산 의상대 오르는 길에
가느다란 계곡을 보았습니다
그 속에 당신이 계셨습니다
쉬지 않고 흐르는 계곡물 속에서
당신은 말씀하셨습니다
네가 안고 온 눈물을 나에게 다오

어머니,
북한산 의상대 오르는 길에
가파른 바위를 보았습니다
그 안에 당신이 계셨습니다
하늘 담은 바위 속에서
당신은 조용히 말씀하셨습니다
네 안에 바벨탑을 나에게 다오
어머니,

북한산 의상대 내려오는 길에
작은 나뭇가지를 보았습니다
그 안에 당신이 계셨습니다
뾰족한 가시 속에서
당신은 힘주어 말씀하셨습니다
네 안에 수 없는 가시들 나에게 다오

어머니,
북한산 의상대 내려오는 길에
붉은 저녁 노을을 보았습니다
그 속에 당신이 계셨습니다
모습이 슬프도록 아름다우셨습니다
당신께 다 드리고
빈 몸이 되어, 빈 가슴 되어
당신을 바라봅니다

당신은 다시 미소로 말씀하셨습니다
네 안에 산을 담으렴

「어머니」 全文

시인에게 있어서는 더욱 그러한, 희생과 사랑의 대명사이자 시심詩心의 원천인 어머니, 강시인의 사모곡 작품 중에서 후반부에서 이렇게 귀결되어 묘파된다.
1연에서 「당신은 말씀하셨습니다 / 네가 안고 온 눈물을 나에게 다오」 2연에서 「당신은 조용히 말씀하셨습니다 / 네 안에 바벨탑을 나에게 다오」 3연에서 「당신은 힘주어 말씀하셨습니다 / 네 안에 수 없는 가시들 나에게 다오」

一日三省이라는 말이 있다. 시인은 영적으로 영원히 존재하는 어머니라는 심상心象을 통하여 마치 예수와 니고데모와의 대화, 그 중에 「거듭남」의 의미를 오버랩 시키면서 고통은 당신의 몫이요, 인류의 불순종을 상징하는 시인 자신의 바벨탑도 자신이 거두어 가고 세상사에 얽혀 가시에 찔리는 그 아픔도 대신 수용한다는 이미지네이션을 통하여 짙은 페이소스와 호소력으로 독자의 공감대를 확장시킨다.

발꿈치에 가시 꽃이 피었다
발꿈치에게도 어린 시절은
달걀 같았던

발꿈치로 아이를 낳았는가
양분 다 내어주고
말라버린 논바닥 가시꽃

두 발꿈치 비벼대며
기도 올릴 때면

가시꽃 찔러대는
기도 시간
타들어가는
붉은 울림

「발꿈치」 全文

전자의 「어머니」와 「발꿈치」라는 작품은 엉뚱한 것 같지만 희생적인 모성의 동질적 요소를 유추할 수 있다. 「양분 다 내어주고 / 말라버린 논바닥 가시꽃」 「두 발꿈치 비벼대며 / 기도 올릴 때면 / 가시꽃 찔러내는 / 기도 시간」 「타들어가는 붉은 울음」에서 섬김을 받기보다 희생적인 섬김의 생애로 사는 모성애母性愛에 그 의미를 비유할 수도 있다.

보슬비 속 독립공원
서재필 박사 동상이 우뚝
오른손에 무엇을 높이 들고
하늘 향해 소리 없이 외치고 있을까

역사의 현장 서대문 형무소
동상 속 주인
보슬비 속에서 무엇을 저렇게 외치고 있을까

공원 앞 신호등 건너 길에는
일본산 전자제품
이태리산 손가방
프랑스어 붙은 빵집
영어로 붙여진 많은 수 간판들

젊은이들 듣는 음악은 팝송에 샹송
젊은이들 마시는 음료수는
수정과 식혜 대신 산성 코카콜라
외국 브랜드 커피여야 하는가를

세계는 하나
글로벌 시대라고 했던가
물건도 상표도 문화도 외제를 좋아라 쓴다지만
우리 얼만은 춘향이 될 수 있을까
우리 넋만은 논개가 될 수 없을까

대한제국 시절 제국주의 일본에
비분강개, 조국 독립 위해
눈물 피 흘리며
목숨을 사르셨던 순국선열들의 고운 넋
독립공원 이 저곳에서
분단 조국 영원한 독립을 빌고 있을텐데

이 시대를 사는 우리들은
무엇으로부터 우리 나라를 지키고 있는가
이 시대를 사는 우리들은
조국을 위해 진정 무엇을 빌고 있는가

* 서재필 박사 : 독립 운동가 · 정치가(1864~1951). 호는 송재松齋. 김옥균 등과 일으킨 갑신정변의 실패로 일본과 미국에서 망명 생활을 하였음. 귀국하여 우리나라 최초의 민간 신문인 〈독립 신문〉을 발간하였음

「독립공원」 – 민족의 빛 서재필 – 全文

J · R · 실리는 「영국정책의 성장」중에서 "역사란 지나간 정치政治요, 정치는 현재의 역사이다"라고 정의한 바 있다.
M · T · 키케로는 자신의 역사관에 대해 이렇게 피력하였다. "역사는 참으로 시대의 증인證人이요, 진실의 등불이다.", "역사는 세

월의 흐름을 입증하는 증인이다. 그것은 현실을 밝혀주며, 기억에 활력活力을 주며, 일상생활에 지침指針이 되며, 우리들에게 고대인들의 소식을 전해준다." (History is the witness that testifies to the passing of time; it illuminer reality, vitalizes memory, provides guidance in daily life, and brings us tidings of antiquity. – M · T · 키케로〈수사학〉 –)

우리 민족의 뼈저린 수난사, 그 역사의 현장에서 시인은 수 많은 애국선열들의 고난, 그 질곡의 와중에서 민족의 제단에 자신을 바친 거룩한 분들의 생애를 떠올리면서 거기에 역행하는 병리적病理的 현상을 대비시켜 어떤 경종을 울리고자 한다.

살신성인殺身成仁의 자세로 애국애족의 화신으로서 조국을 강제 점령한 일제에 심신을 던져 항거한 민족 수난의 현장 독립공원.

그분들의 숭고한 뜻에 역행하는 이미지의 「일본산 전자제품 / 이태리산 손가방 / 프랑스어 붙은 빵집 / 영어로 붙여진 많은 수 간판들 / 젊은이들 듣는 음악은 팝송에 샹송 / 젊은이들 마시는 음료수는 / 수정과 식혜 대신 산성 코카콜라 / 외국 브랜드 커피여야 하는가를」 이처럼 저급한 잡탕의 외래 풍조가 걸러지지 않고 어떤 "악화가 양화를 구축한다"는 그레샴 법칙처럼 만연된 그 현실에 대해 시인은 우리 역사의 본받을만한 의기와 정절의 표상인 논개와 춘향이를 떠올린다. 서재필 박사에 대해서는 주지하듯이 갑신정변의 주역인 김옥균 등과 함께 혁명에 앞장섰고 일제에 우리의 주권이 박탈된 상황에서 조국 독립을 위해 불요불국의 정신으로 헌신하신 분이다.

작품 속에 내재된 그 비판적 요소에 한사람의 독자로서 공감하는 바이다. 서재필 박사의 경우에만 국한된 문제가 아닌 수많은 애국선열들, 우리민족 모두가 성찰할 문제성을 제기하는 바 있다.

필자는 평소에 독립공원이나 국립묘지 참배나 그런 때는 조지 워싱턴(Washington, 1732~1799)의 생애와 그의 명언을 떠올리게 된다.

'합하면 이기고 흩어지면 진다 (Untied we stand, divided we fall).' '미국인이 자유인이 되느냐, 노예가 되느냐를 결정할 때가 눈앞에 다가왔다. 우리가 선택할 길은 용감한 저항뿐이다. 만일 그렇지 못하면 비열한 굴종밖에 없다. 그러므로 우리는 승리냐 죽음이냐를 결의해야 한다.'

위대한 선각자이자 애국자, 그 중에서 서재필 박사를 작품에 담아낸 강시인의 시인의식에 공감성을 느끼는 바이다.

37km만 달리면
어릴 적 끔직히
예뻐해 주셨던 할머니 산소 있다네
거리가 그리도 멀어
30년만에 찾았는가
어쩌면 단 3일도 잊지 못하고
늘 맘 속에 안개꽃으로 계셨을 할머니
늘 맘 속에 안개비로 젖어 계셨지

며칠 앓는 끝에
숨 거두시기 전
그토록 찾으셨다는데
도서관에서 시험 공부만

하던 얄미운 손녀

이제야 할머니 그리워
따뜻한 밥 짓고
고기 굽고
전 부치고
과일 준비하여
연거퍼 절을 올리건만
이미 흙이 되셨을 할머니

어떤 일이든 역성들어주실
할머니 사랑은
언제나 내 삶의 아랫목이었지
언제나 내 삶의 나무그늘이었지

「37km」 全文

「37km」라는 제목이 매우 눈길을 끈다. 37km 거리에 위치한 할머니의 산소, 30년만에 찾는 감회가 소박하고 단직한 톤으로 독자에게 어필한다. 그토록 사랑과 정을 주시던 할머니, 그러나 그 임종을 지켜보지 못한 회한回翰이 타임머신처럼 30년이란 세월 속에서 그 절실한 회한悔恨을 되살려내고 있다.
어떤 父情에 관한 시, 예컨대 「아버지」 등에 대해서는 더 이상 논급할 지면이 없어 생략하기로 한다. 시정신이 돋보이는 「꿈을 품은 가슴」 한편만 더 예시例示하겠다.

입은 옷 남루하여도
가난한 옷 벗겨보면
야윈 가슴
품은 꿈 보름달 같아
꿈만으로도 두둥실이네

고운 님 귀한 님
부둥켜 안은 황홀함보다
꿈을 품은 가슴 햇살이라네

꿈꾸는 대로 이뤄진다는 말씀에
안기고 싶은
넉넉한 가슴에
안기고 싶은

입은 옷 남루하여도
품은 꿈 있어
마음 가득 만석꾼이라네

「꿈을 품은 가슴」 全文

예시한 「꿈을 품은 가슴」에는 시인이 지향하려는 이상향이 잔잔하게 녹아난다. 「입은 옷 남루하여도 / 꿈만으로도 두둥실이라네」 「입은 옷 남루하여도 / 품은 꿈 있어 / 마음 가득 만석꾼이라네」 시인의 인생관, 작의作意를 보면 안빈낙도安貧樂道의 정신과 그 맥락이 통한다. 전자에 군자君子라는 작품에서도 보았거니와 군자다운 삶, 즉 시인의 경우 '시인다운 삶' 을 잔잔하게 묘사하고 있다.

공자는 3천 제자 중에서 특히 안연顔淵을 사랑하여 이렇게 상찬하였다.

"안연은 현철賢哲하도다. 한 그릇의 밥과 한 그릇의 국을 마시며 뒷골목에서 가난하게 살고 있다. 다른 사람들은 그러한 곤궁함을 견디기 어려워하지만 안연은 성현의 도道를 즐기면서 유유자적하게 살아간다. 훌륭하구나 안연이여!"

공자는 안연을 군자의 귀감으로 여겼다. 시인의 경우 훌륭한 시를 생산하면서 시인답게 사는 것, 그것이 가장 바람직한 자세일 것이다.

지금까지 서두에서 밝혔듯이 몇몇 관점에서 강시인의 시인의식에 대한 성향에 대해 그 의미론을 고찰考察하였다. 본고에서 다루지 못한 작품들, 여건이 여의하면 언젠가 다시 보완하여 다룰 것임을 밝히면서 이만 글을 맺는다.

경춘선 열차에 시를 싣고

경춘선 상천역에 걸린 시

경춘선 백양리역에 걸린 시

열차를 기다리며
강미경
열차를 기다리는
사람들
그들이 기다리는 것은
열차가 아니다
열차를 기다리는
사람들
바짝바짝 타는
뙤약볕 속에
타는 게
햇볕만이겠는가
보고 싶은
얼굴
얼굴
얼굴이
타들어 가고 있다
기다리는 열차는 오지 않고,
한국문예철학
cafe.daum.net/jjp1004

저만치
저만치 하늘 호수
하얗게 하얗게
눈이 눈을 채울 때

저 멀리
앞마당 안에 들어오려 하는
당신의 소리 없는 발소리

앞마당 가득
이미 늘어선 겨울 나무와
분주한 하늘 호수
어떤 것도 붙잡으려 하지 않고
저만치 놓아두는 멋스러움

저만치 북한산
눈 가득 눈 속에
시뻘건 번뇌를 버리고
허허로운 충만
참 빛이여.